幼稚園・保育園での
発達障害の考え方と対応

医学博士
平岩幹男 著

少年写真新聞社

Contents

序　章	Tくんのこと	5

第1章	子どもには個人差がある	11

幼児期は個人差の大きな時期です。発達においても身体発育においても個人差が大きいために、個人差の範囲なのか問題があるのかを判断することがしばしば困難になります。

第2章	気になる子どもたちとは？	15

行動やコミュニケーションの面で気になる子どもたちは少なくありません。障害があるかないかよりも、まず気になる子どもたちへの基本的な理解と対応が必要になります。

第3章	扱いにくさをめぐる問題	35

子どもたちに対して扱いにくさを感じることがあります。しかし扱いにくさを感じていては子どもたちとうまく接していくことはできません。どうして扱いにくいのか、どうすればよいのかを考えましょう。

第4章	発達障害とは？	49

増加しているといわれているのに原因もまだよくわかっていません。発達障害とは何か、どのように考えればよいのかということと同時に、発達障害の抱える問題点や、それに対する基本的な対応について考えてみましょう。

第5章	発達障害の各論	73

ADHDや高機能自閉症とはどのようなものか、症状や注意点、持っているパワーなどから将来何が向いているかについて考えてみましょう。障害の部分だけではなく、才能の部分にも目を向ける必要があります。

第6章	幼稚園・保育園で疑われた発達障害　89
	実際に幼稚園・保育園で発達障害を疑ったときにどうすればよいのでしょうか。診断できるところも多くはありませんが、子どもたちに対する基本的な対応が大切です。またどのように保護者に伝えるかも大きな問題です。

第7章	行動療法　103
	子どもたちの行動をどのように変えていくのか、どのような方法を用いればよいのかについて考えてみましょう。少し対応を変えることでも、子どもたちは伸びていきますし、集団行動も楽になってきます。

第8章	最終目標は何か　121
	発達障害を抱える子どもたちにとっての最終目標です。発達障害では少し気をつけておく点がありますが、実は発達障害を抱える子どもたちだけではなく、すべての子どもたちの最終目標です。

第9章	就学前健診　125
	小学校入学は幼稚園・保育園にいる子どもたちにとって一つのゴールです。その前に就学前健診があり、発達障害を抱えている場合には気になることがたくさんありますし、対応についても知っておく必要があります。

終　章	おわりに〜 Take Home Message　131

付録1　幼稚園教諭、保育士さんたちとのQ&A　136
付録2　診断基準　144
索引　149
参考図書　151
コラム　34、88

Tくんのこと

序章　T君のこと

　T君と私が初めて出会ったのはもう20年も前のことです。そのときに4歳だったT君は、当時相談事業をしていた保健所にお母さんと一緒に来られました。幼稚園で友だちができない、孤立してしまう、こだわりがあるというのが相談の内容でした。面接をしてみると、私が話す内容の理解は4歳児というよりも小学生という感じで非常によいのですが、自分で話すときにはとぎれとぎれになり、話が飛んでしまう、視線が合わない、表情が乏しいという印象を受けました。知的な障害は明らかにないのですが、果たしてこれは自閉症なのだろうかと当時の自閉症のイメージからはかけ離れていたので悩みました。それから20年、ときどき彼とは会っています。小学校に入ってからアスペルガー症候群という診断がつきました。

　アメリカの小児科医と私がかわるがわる診ていた、アメリカと日本を行き来していた子どもについてアスペルガー症候群ではないかという疑いがアメリカから出され、それを知らなかった私は調べてみて初めてアスペルガー症候群のことを知りました。

　小学校に入ってからも友人はできず、いつも教室の隅っ

こにいて一人で遊んでいたそうです。数字や計算の能力は非常に高く、小学2年生の時には6年生程度の問題もできていました。しかし文章題になるとなかなか理解できなくて苦しんでいました。彼が中学生になったころ、私も知的に障害のない自閉症の子どもたちに対してどのように日常生活の対応を行ったらよいかがわかるようになってきました。

　彼の現在の診断は高機能自閉症ですが、特に薬剤などは使用していません。今では彼は印刷会社に就職し、印刷の原版作りをしています。彼は気に入ったことに対する集中力があるので、それを生かした仕事で相当の給料を得ています。

　彼との20年間を振り返ってみたときに、発達障害がわが国で知られてくるようになった軌跡をたどっているような気がします。もし幼稚園のときに、今の時代であったなら医学も進歩し、もう少し具体的なアドバイスができたでしょうから、彼ももう少し楽だったのかなと考えています。

しかし幼稚園・保育園の現場ではこの20年間に大きな変化はなく、気になる子、扱いにくい子たちに振り回されているように思われます。

　今お話したように、発達障害が話題になり始めてからまだそれほど長い年月はたっていません。たとえばADHD（Attention deficit / hyperactivity disorder注意欠陥・多動性障害）という概念が海外で整理されてきたのは1980年代の初めくらいのことですし、わが国でADHDという概念が広がってきたのは1990年代後半に入ってからですから、まだ10年余りしかたっていません。1960年代から微細脳損傷（Minimal brain damage）と言われ、その後、注意持続障害や多動症といわれていたものがADHDとして一つの概念にまとめられるようになりました。
　私は高機能自閉症と呼んでいますが、アスペルガー症候群についても現在のように知られるようになってから、まだ10年たつかたたないかです。そして発達障害という概念自体が、ある程度世の中で認められるようになってきたと感じられたのは2000年に入ってからです。ですからまだ非常に歴史が浅い、しかし大きな問題を抱えている分野であ

ると思います。

　もちろん自閉症という概念は以前からありました。しかし一般には自閉症は知的障害を伴うと理解されてきました。知的障害のない自閉症が存在すること自体、20年前までは一般には知られていませんでしたし、今でもそう思っている方も少なくありません。しかし最近では高機能自閉症（高機能とは知的な障害がない、明らかではないという意味です）が決して少ない障害ではないことがわかってきましたし、幼稚園・保育園でどのように対応するかが大きな問題となってきました。

　以前から知られている、知的な障害、すなわち精神発達遅滞を伴う自閉症もありますが、この場合には言葉の発達の遅れを伴うことが多く、一般の幼稚園・保育園に入ることは多くはないと思います。最近では知的な障害を伴う自閉症に対しても、早期に療育を行なうことにより、目覚しい発達を見せる子どもたちもいることがわかってきました。基本的な対応は知的な障害があってもなくても同じですが、本書では知的な障害を伴っている場合には、幼稚園や保育園ではなく、知的障害児の通所施設に通うことが多いことから、対応については触れて

いません。いわゆる障害児保育などを行なっている場合には、幼稚園・保育園での対応が必要になりますが、これについてはまた別の機会にまとめたいと考えています。

いずれにせよ、幼稚園・保育園の先生方とお話をすると、子どもたちへの対応について困っていることが多く、いろいろな質問が寄せられますし、講演会を行いますといつもたくさんの方が来られ、質問が終わらないこともあります。それらの機会に、対応についてのわかりやすい本がほしいというご要望も寄せられてきました。

わが国では発達障害に対する社会資源が十分ではないため、幼稚園・保育園の時期には診断すら受けられない、あるいは診断は受けたけれどもどう対応してよいかわからない、といったこともよく聞かされます。基本的に、発達障害が背後にあってもなくても子どもたちへの対応には共通する部分が数多くあると私は考えていますし、そのような前提で本書をまとめてみました。

第1章

子どもには個人差がある

幼児期は個人差の大きな時期です。発達においても身体発育においても個人差が大きいために、個人差の範囲なのか問題があるのかを判断することがしばしば困難になります。

発達とは

　子どもたちの発達には個人差があります。特に保護者は、「発達は早いほうがいい」と考えておられることが多いのですが、たとえば早く歩くようになったからといって、大人になって歩くのがうまいわけではないですし、早くしゃべるようになったから、大人になってしゃべるのがうまいというわけではありません。歩くという問題であれば、だいたい生後10か月から１歳半の間ぐらいに歩けば、小学校に入ったときの歩行能力に差はありませんし、言葉の場合も、だいたい１歳から２歳ぐらいにしゃべり始めれば、それほど大きな問題はありません。一定の期間内に能力を獲得することがポイントになります。

　発達には、常にある程度の幅があります。特に、乳幼児期はばらつきや個人差が大きい時期です。小学校に入る年齢が、日本も含めて世界各国、どこでも６～７歳になっているのは、そのくらいになれば個人個人の発達のばらつきが、ある程度一定の幅におさまってくる年齢だからです。ですから６～７歳になってから集団での教育をしていこうという仕組みになっています。

このように考えてみると幼稚園・保育園では、発達において個人差の大きな時期を担っていることになります。発達が遅れていると思った場合に、これが正常の範囲のばらつきなのか、それとも本当の意味での遅れなのかということを判断することも重要になってきます。また従来は発達というと、精神的、身体的な発達、たとえば言葉を話す、体重が増える、身長が伸びるという面が強調されてきましたが、最近ではこれらに加えて社会的発達が重視されるようになってきました。友人との問題、集団の中でどのように行動するのか、あるいはどのようにコミュニケーションをとるのかという、社会的な発達の部分を大きく評価せざるを得ないというような状況になってきました。この部分で問題を抱える子どもたちが多いことが、発達障害が大きくクローズアップされてきた理由の一つであるのではないかと思います。

　そして個人差ではなく、「やはりこれは障害かもしれない」と考えたときに、どのように保護者へ伝達するかということも、重要です。

早く◯◯◯したからといって…
早く歩けるようになったからといって、大人になって歩くのがうまいわけではありません。

乳幼児期には個人のばらつきが多いのです。ほぼ同じような発達になるのは6～7才といわれています。

成長において大切なことは
　一定期間内に
　　能力を獲得することです。

第2章

気になる子どもたちとは？

行動やコミュニケーションの面で気になる子どもたちは少なくありません。障害があるかないかよりも、まず気になる子どもたちへの基本的な理解と対応が必要になります。

集団における気になる子ども

　集団の中で、しばしば「気になる子ども」が問題となっています。たとえば指示を出したとき、それに従うことができない、理解することが十分にできない、指示そのものが耳から入っていかない、要するにコミュニケーションがとれない場合です。また、集団でいるときに、一人で飛び出してしまう、一人だけ別のことをしている、あるいは固まってしまう、こういった場合も、集団の中では気になります。さらに行動を起こすときに、順番が待てなかったり、行動のスタートを切れなかったりする子です。

　しかし、こういう行動があれば、すなわち「発達障害」かというとそうとは限りません。これらの症状は発達障害でなくとも精神発達遅滞（知的な発達の遅れ）でも見られる行動です。一般的に重度の精神発達遅滞がある場合には「言葉が出ない」、「言葉の理解ができない」、「日常生活習慣が確立していない」などの理由から、幼稚園・保育園に入ることは少ないのですが（障害児保育の制度によって入ることもあります）、軽度から中等度の精神発達遅滞のある子どもたちは幼児期には発

達の遅れが明らかではないことも多く、普通に幼稚園・保育園に通っていますので、そこで見分けることも重要になってきます。発達障害は、精神発達遅滞が主な症状ではありません。見分ける一つのポイントは「理解力」です。会話にせよ行動にせよ指示にせよ、集中したり注意を向けたりすることができないからうまくいかない場合には発達障害を考えるきっかけになりますが、理解ができないからうまくいかない場合には精神発達遅滞を考えることになります。精神発達遅滞の場合、重度でなければ、この年齢では発達検査などをしても診断ができるとは限りません。しかし理解そのものができない場合には疑う根拠になります。

また、ときどき見逃されているのですが、理解ができない場合には聴力の障害が背景に存在していることもあります。その場合は、言葉の理解に比べて動作の理解はよくできるという特徴もあります。

対人関係が理解できない子ども

　気になる子どもにはいくつかのポイントがあります。まず、対人関係での問題をかかえやすいということです。精神発達遅滞があるために対人関係の理解ができず、うまくかかわりが持てないという場合があります。これは一般に考えられているよりもずっと多いと思います。それから、場の状況が理解できない、ここはみんなと一緒にいる場なのか、それともここは一人遊びをする場なのかという、そうした場の状況が理解できないために、人とのかかわりが持てないということもよくあります。さらには会話が成立しない、言葉は分かるけれども、なかなか会話にならない、あるいは言葉そのものが分からないという場合もあります。

　かかわりを持てないというときには、言葉の発達の問題と考えられることが多いのですが、実際に子どもたちを見ていますと、言葉のコミュニケーションの問題よりも、非言語的なコミュニケーションの問題が大きいように感じられます。たとえば、相手と話すときに目と目を見合わせるとか、相手が怒っているのか、笑っているのかを表情で見分けるとか、身振り手振りを理解するとか、

場の状況が理解できない

みんなと一緒にいる場なのか、一人遊びをする場なのかという、場の状況が理解できません。

会話が成立しない

言葉は分かるけれど会話にならない、あるいは言葉そのものがわからないため、会話が成立しません。

非言語的コミュニケーションが苦手

目と目を合わせて話すことができません。また、相手の気持ちを表情から見分けることができません。

そういったことです。非言語的なコミュニケーションが苦手であるために人とのかかわりがうまくできない場合が多いように思われます。大人や先生たちとのかかわりはうまく持てるのに、同年代の子どもたちとのかかわりがうまくできないというケースもありますし、場合によっては、大人とのかかわりすらうまく持てないというケースもあります。

　この問題については、高機能自閉症やADHDあるいは精神発達遅滞などの診断も含めて、なぜこうなっているのかについて考えてみる必要があります。

幼稚園・保育園での対応のポイント

あせらずに落ち着いて笑顔で対応しましょう

うまくいかなくてもがっかりしてはいけません。その分、うまくいったときには思い切り喜びましょう

すぐに手を出す、パニックになる子ども

　自分の思い通りにならないと、すぐに手を出す、パニックになる子どももいます。これも幼稚園・保育園で気になる子どもの症状ですが、すぐに発達障害を考えるのではなく、やはり精神発達遅滞の場合にも起きます。その時に、きちんと状況が理解できているのか、何をしなければいけない状況なのか、何をする状況なのかということを理解できているのかを、子どもを落ち着かせてからまず確認する必要があります。理解ができていなければ手を出すことやパニックになることは当然のことですので、ここを見極める必要があります。

　どちらかというと手を出しやすいのはADHD系の子どもたちに多くて、パニックになるのは高機能自閉症系の子どもたちに多い傾向がありますが、ADHD系と高機能自閉症系は、ときどき合併していますので、きれいに分けるということは、なかなかできません。重要なことは、子どもたちは落ち着けばきちんと話すことができるはずということです。ですから、落ち着く状況・環境をつくるということです。もちろんきちんと話せない子どもであっても落ち着かせることは大切です。

すぐに手を出してしまう

自分の思い通りにならないと手を出してしまいます。
ADHD系の子どもによく起こります。

パニックになってしまう

自分の思い通りにならないとパニックになってしまいます。高機能自閉症系の子どもによく起こります。

集団の場での時間の割り振りやプログラムは集団生活を円滑にしていくためにありますし、そのために組まれているわけですが、それぞれの子どもにとっては、個別に対応していかなければ、うまくいかないこともあります。あるいは個別に対応することで、よりよく集団の時間が過ごせるということもあります。

　たとえば、どうしても指示が通じないときには、タイムアウトと言って一時的にその場から離してしまうこともあります。あまり長い時間ではなく、経験的にはおおむね３分くらいが適当かと思われます。実際に行ってみるとそれよりも短い時間で済むこともありますし、より長い時間が必要になることもあります。砂時計を利用することも目で見てわかるので効果があります。

　また、その子なりの落ち着く場所をつくってあげるということも、非常に大切なことです。その場所をシェルター（避難所）と呼んでいます。水道のそばであったり、部屋の隅っこであったりさまざまですが、その子なりに落ち着ける場所があります。タイムアウトとシェルターを組み合わせることは、時に非常に効果があります。

幼稚園・保育園での対応のポイント

タイムアウト　どうしても指示が通じないときにはその場から子どもを離してみましょう。3～5分の間が最適です。

シェルター　その子なりの落ち着く場所に一時的に避難させてみましょう。

日常生活のリズムにのれない、自立できない子ども

　次は、日常生活のリズムにのれない、身辺の自立ができないということです。やはりこれも精神発達遅滞の場合にしばしばみられます。精神発達遅滞の場合には、日常生活のリズム自体、たとえば着替えをするとか、手を洗うとか、そういった個々の生活習慣自体がうまくできていないために、リズムそのものができないことにも注意が必要です。

　幼稚園・保育園でできないのか、家でもできないのかの確認も必要です。家ではできるけれども、幼稚園・保育園ではできないというケースもあるので、家庭での状況を把握します。

　ADHD系ではノイズが処理できないという問題もあります。たとえば、普通私たちが音楽を聴いているときに外を救急車が通っても、それに気を取られることはあまりないと思います。それは救急車の音をノイズとして処理するからそうなるわけですが、ADHD系の子どもたちは救急車の音がすれば、そちらのほうに気を取られます。ノイズとして処理をするということが、非常に下手だからです。外を鳥が飛んだだけで、そちらに気がちっ

ノイズの処理が苦手

たとえば音楽を聴いているときに、外で救急車の音がしたらそちらに気を取られてしまい、音楽を聴くことに集中できなくなってしまいます。ADHD系の子どもによく起こります。

コミュニケーションをとるのが苦手

身振り手振りを理解することができません。また、目を見て話すことができません。高機能自閉症系の子どもによく起こります。

てしまうということがよくあります。

　そのために、日常生活のリズムにのろうとしても、いろいろな障害が出てきてのれないということが、現実に起きてきます。

　高機能自閉症系の場合には、コミュニケーションがうまくとれない、特に非言語的なコミュニケーションがうまくとれないということが多いので、場や状況が理解できず、そのために、日常生活のリズムにのれない、身辺の自立ができないということもあります。そういう時は、全部をまとめてうまくやろうとするのではなくて、まず一つずつです。何も初めからすべてを順番にやる必要はありません。一つでもよいから、まずこれはできそうだなと思うものから始めます。一つずつ達成するということと、一つ達成したら必ずほめるということが集団の流れの中で、リズムにのってこなしていけるようになるための重要なポイントです。

幼稚園・保育園での対応のポイント

達成したら必ずほめる できそうなことから挑戦させて、一つ達成したら必ずほめてあげましょう。

落ち着きがない子ども

　次は、落ち着きがないということです。やはりこれも精神発達遅滞の場合には診断が困難な場合があります。遅れが軽い場合には、診断するのが難しく、幼稚園・保育園の時代には診断がつかなくて、小学校に入って、学習が始まってから、あるいは知能検査を丁寧に行って、ようやく診断がつくという場合もあります。

　ADHD系では、多動や衝動的な症状によって、落ち着きのなさが前面に出てくることがあります。多動の症状では、決められた席にじっと座っていることができなかったり、そわそわと動き回ったりすることがあります。周りの子どもたちもそれにつられて動き出し、クラスの混乱を来すような場合もあります。衝動の症状では、割り込んだり、順番を守ることができなかったりするために、落ち着きがないと解釈されていることもあります。

　一方、高機能自閉症系では、しばしば聞くことに対する過敏性、聴覚過敏が見られます。これはちょっとした音や、大きな音、何か決まった音など子どもによっても違いますが、いずれにせよ音に対して敏感に反応してしまい、落ち着きがないと思われている場合があります。

多動、衝動の症状がある

順番を待つことができなかったり、そわそわと動きまわったりしてしまいます。ADHD系の子どもによく起こります。

聴覚過敏がある

ちょっとした音に過敏に反応してしまいます。高機能自閉症系の子どもによく起こります。

このような時には、落ち着きがないことを叱ったり注意したりするのではなく、「リズムにのれない」という場合と同じように、たとえば本を片付けるとか砂時計を使って3分間動くことをがまんさせるなど小さな課題を与えて、それを一つずつクリアして、一つでもクリアできたらまずほめていくことが大切です。

　すぐに行動そのものを変えることはできなくても、その積み重ねが、子どもたちが集団の中でうまく過ごせる時間を増やすことにもつながります。

　なかなかうまくいかないときには、先ほどお話したタイムアウトやシェルターを使うことも試してみる価値があります。

●●● 幼稚園・保育園での 対応のポイント ●●●

砂時計の有効活用 　砂が落ちてくるところを見ているうちに、子どもたちは少しずつ落ち着きを取り戻します。

 ラム

　特定の子どもが気になりはじめると、どんどん気になるようになることがあります。次の章の「扱いにくさ」にもつながります。気になったときに、どうすればその子を嫌いにならないかということも大切ですし、そうでなければ笑顔で落ち着いて接することも難しくなります。「好きな子どもの発達は早く見える、嫌いな子どもの発達は遅く見える」ということもあります。気になる子どもも必ず「よいところ」があります。それが見えなくなると、子どもともうまくいかなくなります。よいところをいつも見失わないことが、気になる子どもと上手に対応するための基本だと思います。

第3章

扱いにくさをめぐる問題

子どもたちに対して扱いにくさを感じることがあります。しかし扱いにくさを感じていては子どもたちとうまく接していくことはできません。どうして扱いにくいのか、どうすればよいのかを考えましょう。

「扱いにくさ」とは？

　「扱いにくさとは何だろう？」と考える方たちも多いかと思うのですが、子どもに対して扱いにくさを訴えるお母さんたちが増加しています。

　10年余り前に児童虐待の件で相談に見えたお母さんに、「どうしてこうなってしまうのでしょうね」と聞いてみたら、「うちの子は扱いにくいと思います」と話されていました。その話を聞いたときに「自分の子どもに対して扱いにくいという感情がある」ということが初めてわかりました。このケースはその後も面接を続けて、今では非常にほほえましい親子関係になっています。

　英語ではdifficult childという言葉があり、これは日常生活の面でうまく行動の制御ができないといった意味合いで使われることが多いのですが、「扱いにくさ」は、むしろ感覚や感情の問題だと考えています。実際に児童虐待のケースなどでは「扱いにくさ」という表現をされるお母さんたちにも出会ってきましたが、最近では、発達障害の子どもを持つ保護者から自分の子どもに対して扱いにくいという表現を聞かされることが少なくありません。

第3章　扱いにくさをめぐる問題

接近感情と回避感情

　対人感情、人に対する感情を大きく分けると、接近感情と回避感情に分かれます。接近感情は、相手に近づいていくという、好ましく思うという感情で、回避感情は遠ざけようとする感情です。赤ちゃんを持つお母さんたちに自分の子どもにどのような感情を抱きますかという質問をしたことがあります。その結果を2つに分けると、接近感情は、好きだ、かわいい、いとおしい、柔らかい、親しみやすい、抱きしめたい、あたたかい、うれしい、ほほえましい、わくわくするなどです。回避感情は、苦しい、重い、嫌いだ、うっとうしい、最近は、うざいというものもあります。わずらわしい、こわい、じれったい、あつかましいというものもありますが、こういった表現になります。扱いにくさは回避感情に入りますから、保護者だけではなく幼稚園・保育園など子育てを取り巻く環境にいる人たちがそう感じていては子どもたちの支えにはなれません。回避感情が強くなれば虐待が起きる可能性が出てきます。虐待の世代間伝達という言葉がありますが、回避感情の中で育つ子どもは、大きくなってから虐待に走る危険性が非常に高くなるだろうといわれています。

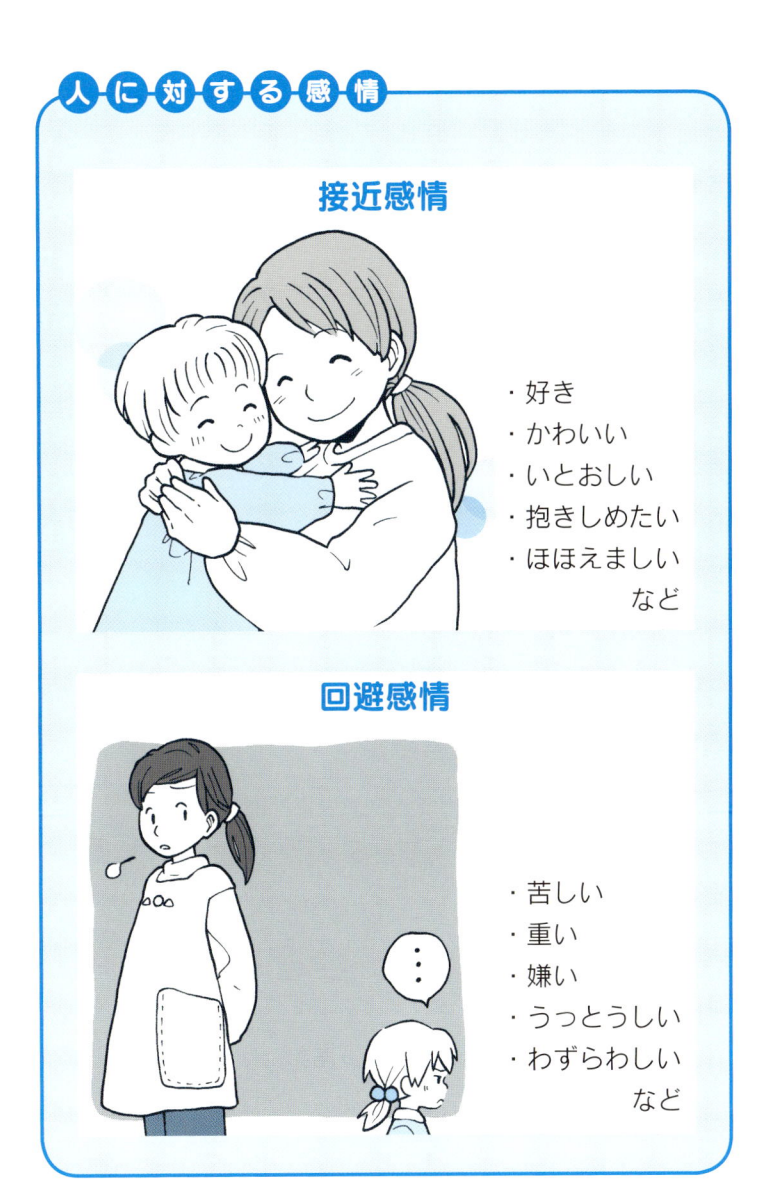

人に対する感情

接近感情

- 好き
- かわいい
- いとおしい
- 抱きしめたい
- ほほえましい

など

回避感情

- 苦しい
- 重い
- 嫌い
- うっとうしい
- わずらわしい

など

保護者をはじめとして子どもを取り巻く人の感情は、時間がたつとさめていくかというとそうではなく、実際に子どもたちを目の前にしていると、増幅していきます。たとえば「坊主憎けりゃ袈裟(けさ)まで憎い」という言葉があるように、子どもが嫌いだと思うとその感情は子どもが要らないとまで思うように増幅することがあります。反対に、「目に入れても痛くないほど可愛い」という表現もあります。このように時間が経つに連れて、「嫌だ」と思う感情も大きくなってくるし、「好きだ」と思う感情も大きくなってくるということです。

　子どもを取り巻く環境には、そういう意味で接近感情が欠かせないわけですが、接近感情だけで包んでいけるかというと、それはまた無理だと思います。幼稚園・保育園でも保護者にとっても、子どもが成長してくるとともに、この接近感情と回避感情は目まぐるしく、また表現方法も変えて動いていくことになるわけです。私がよくお勧めをしているのは、１日の最後に「この子が好き」という、接近感情で終わることが大切だということです。もちろん途中では回避感情も当然何度も入りますが、最後が重要です。

幼稚園・保育園での対応のポイント

1日の終わりに「この子が好き」という感情で終わることが大切です

なぜ「扱いにくい」と感じるか

　家庭で子どもたちに対してなぜ扱いにくいと感じるかということを考えてみますと、一つは子ども自身の問題があります。たとえば、発達の遅れや発達障害の問題ももちろんあります。あるいは病気をかかえていたり、先天的な障害があったりする場合もそうですし、未熟児の場合にも生まれてからすぐの時期に母子が一緒にいられないことから、育児に際してしばしば扱いにくさを感じるといわれています。知的、運動、社会性という能力の発達の問題もあります。それから言語や非言語のコミュニケーションがうまくいかないという場合もあり、言葉が遅い、場や表情が理解できない、目を見ることができないという問題も多く聞かされます。行動の問題として、落ち着かないなどの問題も入ってきます。

　それだけではなく、実は保護者の問題もありますし、環境の問題もあります。保護者の病気や育児の経験不足であるとか、子育てを取り巻く、あるいは日常生活をしていく上での情報が足りないということも子どもに対する扱いにくさにつながることがあります。

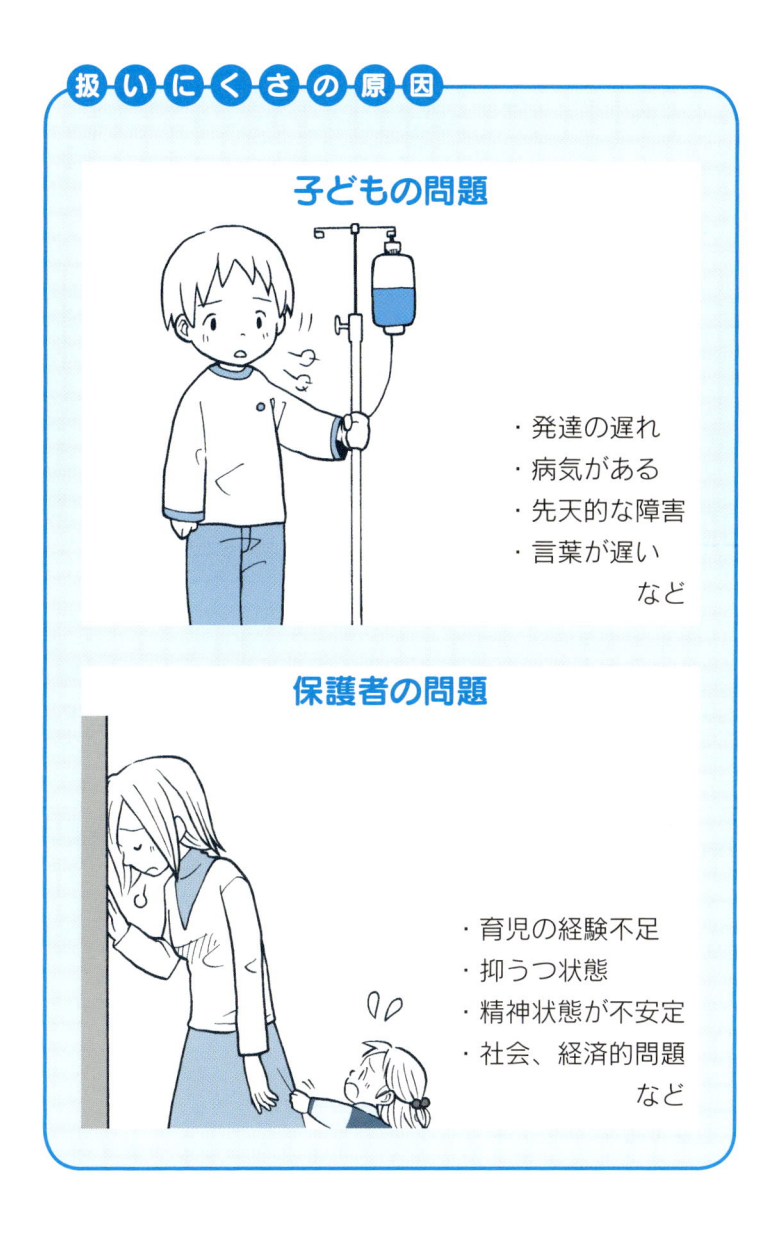

扱いにくさの原因

子どもの問題

・発達の遅れ
・病気がある
・先天的な障害
・言葉が遅い
　　など

保護者の問題

・育児の経験不足
・抑うつ状態
・精神状態が不安定
・社会、経済的問題
　　など

それから抑うつ状態であったり、神経症、精神疾患があったりして保護者の精神状態が安定しないというケースでは、扱いにくさを感じやすいということになります。さらに経済的な困難、あるいは社会的な困難、たとえば離婚や外国籍の問題、住んでいる環境、収入なども含めていろいろな問題があります。こういったことが扱いにくさにもつながってきます。また、それらの要素は扱いにくさだけではなく、児童虐待を考えた時の危険因子になると思われる内容とほぼ同じです。扱いにくさが高まることによって児童虐待の危険性も増加します。

　幼稚園・保育園でも子どもを取り巻く環境の問題について考えておく必要があります。職員の数が足りなかったり、先生が体調不良であったり、ゆとりがなかったり、園の環境に問題があれば、同じように幼稚園・保育園での扱いにくさにつながってきます。児童虐待にはつながらないかもしれませんが、子どもたちにとって居心地の良い環境でなくなることは確かです。保育園・幼稚園の先生方が扱いにくさを感じるときは、行動の問題とか、コミュニケーションの問題にうまく対応できないからだと話されます。集団の中での生活がうまくいかないということで、扱いにくさや回避感情が増幅した状況で相談

に来られる方が多いようです。

　先にもお話しましたように、扱いにくさは回避感情ですから増幅します。扱いにくさは子どもに対する親しみや愛情を感じないということになりやすく、そうすると子どもに対する接触が減って子どもが孤独になります。そうなると子どもは構ってほしくて余計目にあまる行動に走るので、さらに扱いにくくなるという状況になり悪循環に入ってしまいます。この悪循環を解決するためには、親しみや愛情を感じないという状況のときに、子どもをもっと理解しよう、そして好きになるための工夫をしようと考えて対応することになります。家庭だけではなく、幼稚園・保育園の対応でもこれは同じです。

どうすれば扱いにくさは減るか

　どうすれば扱いにくさは減るかとよく聞かれますが、発達障害があってもなくても、まず、子どもの現実をきちんと知る、状態を正しくとらえるということが重要なことだと思っています。これがなければ始まりません。2番目に重要なことは、子どもの障害を理解することです。発達障害とはどのようなものかということを理解することが大切です。3番目はそれについて正確な情報を持つことです。何ができて、何ができないのか、治療はどうなのかということも含めて、正確な情報を持つということが重要です。4番目は必要な社会資源（医療、教育、福祉など）を手配するということが、扱いにくさを減らすためには欠かせませんが、発達障害に関しては、必要な社会資源自体の絶対的な量が少ないという問題があります。

　ですから、あくまで診断をするということよりも、扱いにくさを軽減するということが大切で、そのことが楽しく日常生活を送ることにもつながっていきます。

幼稚園・保育園での対応のポイント

子どもの現実を
きちんと知る

子どもの病気を
理解する

病気についての
正しい知識を持つ

必要な社会資源の
手配（医療・教育・福祉）

> **うちの子はよそのより100倍かわいい**
>
> 「かわいそう」から「かわいい」へ

　これはお母さんたちを対象として講演するときによく使っているスライドですが、「うちの子はよその子より100倍かわいい」ということです。たぶん子どもが生まれたときには、誰しもそう感じていたことと思いますが、実際に子育てをされている中で、なかなかその感情が維持できないということがあるように思われます。

　ですから発達障害や何らかの障害という診断がつくと、保護者の方は、自分の子どもが「かわいそう」だと感じてしまいがちです。かわいそうという感情は、回避感情です。かわいそうの行く先に未来はないということを私はよくお話します。ですから「かわいそう」と思わずに、どうやってかわいいと思うかということが大切です。「かわいそう」から「かわいい」に変えることが基本的には家庭でもそうですし、保育園・幼稚園でも同じです。

第4章

発達障害とは？

増加しているといわれているのに原因もまだよくわかっていません。発達障害とは何か、どのように考えればよいのかということと同時に、発達障害の抱える問題点や、それに対する基本的な対応について考えてみましょう。

第4章　発達障害とは？

発達障害とは…

発達全体の遅れではなく、発達の過程で明らかになる行動やコミュニケーション、社会適応の問題を主とする障害。

精神発達遅滞を伴わない発達障害

- ADHD：注意欠陥・多動性障害
- 高機能自閉症（アスペルガー症候群・障害）
- 学習障害
- その他のコミュニケーションの障害

ADHDと高機能自閉症

- 別の疾患として扱われているが…

  少なからず合併する。
- 幼児期にはADHDの方が目立ちやすい。

発達障害は増加している

- 世界的に増加している。
- 遺伝子だけでは説明できない。
- 診断できるようになったことが大きい。
- コミュニケーション能力の全体的な低下？
- ＩＴ機器、ＡＶ機器も影響している？

いつごろ診断されるか

- ５歳ごろが一つの目安。
- 不注意型のADHDや高機能自閉症は見つかりにくい。
- 学習障害も幼児期には見つかりにくい。
- 診断のできる医療機関が少ない。

５歳児健診

- 各地で始まりつつある。
- 発達障害の発見だけが目的ではない。
- 発達障害を見つけてレッテルをはることが目的ではない。
- その後のフォローや対応も考えることが大切。

発達障害とは？

　発達障害の症状というと、たとえば、すぐに忘れる、よく物をなくす、集中できない、じっとしていられない、突然しゃべり出す、何かに取りつかれたようになる、自分の世界に入る・・・などが浮かびます。もちろん、このような子どもたちは昔からいたわけで、これらの子どもたちに対しては、育て方が悪い、家庭環境が悪い、性格、気質などというふうに考えられて、病気だというふうには考えられていませんでした。これはもちろんわが国だけではありません。

　この10年から15年間で、発達障害が広く知られるようになり、治療をしたり、上手に対応したりするということで、改善することが明らかになってきました。きちんとした診断を受け、対応することが重要です。

　発達障害という言葉と同時に、発育遅滞や、発達遅滞など、いろいろな言葉が混在しています。発達障害は「発達の障害だろう、だから歩けない、話せない」というふうにとらえられることがありますが、「発達の過程で明らかになる行動やコミュニケーション、社会適応の問題を主とする障害」です。あくまで障害は発達の途中で明ら

かになる、行動やコミュニケーション、社会適応の問題ですので、発達の全般的な遅れという意味ではありません。

　自閉症グループの障害は、これまで広汎性発達障害と呼ばれることが多かったのですが、最近では自閉症スペクトラム障害という表現で呼ばれることが増えてきました。アメリカの精神医学協会の診断基準（DSMⅣ－TR）や世界保健機構（WHO）の診断基準では広汎性発達障害（Pervasive Developmental Disorder 略してPDDとも呼ばれます）となっていますが、自閉症では知的にも症状の面でもスペクトラム（連続体）と考えられる連続性があることから、このように呼ばれることが多くなったわけです。自閉症スペクトラム障害（Autism Spectrum Disorder 略してASDとも呼ばれます）という表現はぜひ覚えておいてください。それ以外にもさきほどお話したようにADHDや学習障害も発達障害に含まれます。

　これに対して似た言葉で、発育遅滞という言葉があります。これは身体発育の遅れが主であり、特に体重が増えない、身長が伸びないといった場合にしばしば発達の遅れを伴うものです。

発達遅滞の場合には精神発達遅滞あるいは運動発達遅滞が主なものですが、精神発達の全体、あるいは運動発達の全体に、全般的な遅れがあることを意味しますので、歩けない、話せないという障害も出てきます。

　発達障害という表現と軽度発達障害という表現の両方が使われていますが、軽度発達障害は、寝たきりの重度の障害にくらべれば軽いという意味で、その表現が、10年余り前からわが国でも使われるようになり、一時これが一般的になっていました。

　厚生労働省は発達障害という表現をしていますので、後でお話しする、発達障害者支援法などでもそうなっています。文部科学省では、学校において、軽度発達障害という表現をずっと使ってきました。しかし、平成19年3月15日の通達で、文部科学省も今後は発達障害に統一するということになりましたので、今後は発達障害という表現でよいと思います。

　自閉症をのぞく発達障害の多くは知的な遅れを伴いません。知的な遅れを伴っている場合の扱いについて統一された見解はありませんが、障害者手帳の取得が可能です。知的に問題のない多くの発達障害の子どもたちや大人は障害者手帳による社会的支援が受けられないという

ことがあります。本書では知的な遅れが明らかではない発達障害を中心としてお話しています。

　まずADHD（Attention Deficit / Hyperactivity Disorder、注意欠陥・多動性障害）です。次いで自閉性障害（Autistic Spectrum Disorder）の中で精神発達遅滞を伴わない高機能自閉症（アスペルガー障害、症候群）です。高機能とは知的な遅れや障害がないという意味です。そのほかに学習障害や特殊なコミュニケーション障害もあります。学習障害は一般的には小学校に入って学習が始まってから明らかになってきます。

　文部科学省が以前に小学校の先生へ発達障害の疑われる子どもについての聞き取り調査を行った結果では４％から６％という数字が出ておりましたが、これは個別に面接をしてきちんと診断をしたという数字ではありません。私がある小学校で調べたことがあるのですが、発達障害があると考えられる、そして何らかの対応が必要かなと考えられる子どもは、周辺領域の子どもたちを含めて２〜３％くらいでした。

　発達障害に共通しているのは、乳幼児期にはあまり問題にはならなくても、小学校・中学校・高校と年齢が進んでくるにつれて問題が少しずつ大きくなってくること

です。

　一番大きな問題となるのは、自己肯定感、セルフエスティーム（Self-esteem）が低下しやすいということです。要するに、「自分はいいやつだ」、「自分に自信がもてる」、と思えなくなることで、Self-esteem が低下してくるために、二次障害（本来の発達障害の症状に加えて、学業不振、不登校、ひきこもり、パニック障害、うつ病など社会適応の問題などが出てくる）が起きやすくなるということが大きな問題です。

　それに加えて ADHD では、自分をコントロールすることの障害がしばしばみられます。そのために「わがまま」としばしば言われてしまいます。自分で何かに熱中することはできるけれども、人から強制されたり、人からいわれて何かをしたりするときに、うまく集中ができません。自分の意志を通すためだけのわがままとは違います。これは少しずつトレーニングすれば、かなりできるようになります。

　高機能自閉症では言語よりも非言語的なコミュニケーションの障害が前面に出てきます。コミュニケーションは言葉による言語的な部分と、身振り、手振り、表情を理解する、相手の目を見るなどの非言語的コミュニケー

第4章　発達障害とは？

ションにわかれますが、後者の問題が子どもたちの行動上の困難に直結してきます。

　学習障害では、読み、書き、算数の問題が明らかになることが多いので、特定の高次脳機能の障害と考えられています。幼稚園・保育園では学習が主ではないのであまり問題になりません。

　ここで注意しておくべきことは、ADHDと高機能自閉症は、しばしば合併することです。一方から見ればADHD、もう一方から見れば高機能自閉症という子どもも少なくありません。しかし幼稚園・保育園では子どもたちの行動やコミュニケーションの問題にどう対応していくかということですので、診断が重なり合っても日常生活での問題が増えるわけではありません。

　また幼児期には、親子関係が原因で発達障害に見えることがあり、発達障害にそっくりの症状が出ることもあります。親子関係がうまくいかなければ、症状が悪くなり、改善すれば症状がよくなったりするケースもあります。きちんと診断のできるところであれば、環境によるものかどうかを区別することは可能です。

　行動やコミュニケーションの問題から混乱が起きると、しばしば集団から締め出してしまおうという、過激な意

見が出てきます。しかしその子を集団から締め出したとしても、その子だけではなく残った子どもたちにとってもそれほどよいことがあるわけでもありません。締め出すということではなく、徐々に集団に参加させたり、自分から入るように工夫をしたりしていくことが大切です。いろいろな子どもたちがいて、みんなで集団を形成して行くということを学ぶことが、その子にとってもそれ以外の子どもたちにとっても、大切なことです。ですから締め出すというのは基本的にすべきではないと考えています。

・**なぜ増加しているのか**

発達障害の子どもたちが増加しているという問題はわが国だけではなく、諸外国でも多くの報告があります。なぜ増加しているかということについて、多くの研究がされていますが結論は出ていません。たとえば双子の研究などで遺伝的な要素が出ています。一卵性双生児では一方が自閉症であると、もう一方も自閉症

である確率が75〜90％くらいと考えられていますし、ADHDでも70〜85％程度が一致すると考えられています。すべてが一致するわけではないので、遺伝子だけで説明することには無理があります。

　最近は、診断基準ができたから増加したように見えているのではないかということが言われています。私も30年以上小児科医をやっていますけれども、典型的な自閉症の子どもは20年前でも25年前でも診断できたかもしれません。しかし、現在のような高機能自閉症の子どもたちを、正確に診断できるというのは、10年前ならばできたかもしれませんが、15年前なら怪しかったと思います。

　さらにいえば、大人の高機能自閉症の方たちを診断することは、10年前では少し不安が残り、5年前ならば確実にできたかな・・・という感じです。診断基準が広まって、それが理解されてきたことによって増えてきたということは事実だと思います。

　さらに、一般的にコミュニケーションの能力が低下しているという問題があります。話す能力は、経験と蓄積がないと伸びてきません。個人個人を大切にするという時代の流れの中で、コミュニケーション能力自体が低下

してきて、これも発達障害の増加に影響しているのかなという気もします。テレビ、ビデオなどのAV機器、コンピュータ、あるいは携帯電話など、いろいろなIT機器も何らかの形で影響している可能性もあるだろうと考えています。

・発達障害の原因

　ADHDの原因としては、脳のさまざまな部分の先天的、又は、後天的な異常、遺伝子の問題などが考えられてきました。高機能自閉症でも遺伝子の問題、あるいは「脳のこの部分がおかしい」などと、いろいろな報告がありますけれども、現在のところ、遺伝子も含めて、素因があってもなるとは限りませんし、環境によって症状が出ることもあるということも含めて、はっきりした原因はわかっていません。

　発達障害は、あくまで行動やコミュニケーション、社会適応の問題です。ですから、どうやって上手に扱うか、適切に扱うかということが重要です。適切に扱われなければ二次的な症状が出てきます。これは、幼稚園・保育園の時代には出るとは限りませんけれども、小学校・中学校・高校と年齢が上がっていくにつれて増加してきます。

発達障害の問題点

　発達障害はどんどん有名になってきました。マスコミでも、新聞でも、テレビでもよく取り上げられますけれども、これがどんなものであるかということ自体が、社会では十分には理解されていません。有名になっても発達障害に対応できる医療・福祉・教育などの社会資源が少ないことは変わっていません。診断・治療がきちんとできるところや相談できる場所が少ないので、今後は発達障害に対する理解を深めるとか、適切な対応でうまくいった例を蓄積することが、幼稚園・保育園にとっては重要だと思われます。失敗例ならいくらでも蓄積できますけれども、いろいろ我慢をし、工夫をし、努力してうまくいった例を蓄積することが大切で、将来につながります。

　発達障害がなぜ問題になってきたのかということですが、幼稚園・保育園の世界だけではなく、特に小学校で問題になってきました。従来の学籍の区分けは、通常学級、特別支援学級、特別支援学校と、身体障害を除いて知的レベル中心で分けていました。しかし知的な障害がなくても学校でうまくいかない子どもたちが多いという

ことがわかってきましたし、しかもその数が増加していることが問題となってきました。そして学校だけではなくて、幼稚園・保育園でも問題になってきたという経過があります。

　発達障害と診断できるのは一般的にはだいたい５歳ぐらいからです。行動の問題、コミュニケーションの問題は、子どもの社会性を含めて、いろいろな面での発達がある程度進まないと、はっきりしてきませんし、他の子どもとの関係ができてからでないと、なかなかきちんと状況を見極めることができないためです。ただしこれは５歳ですべて診断ができるという意味ではありません。不注意型のADHDや高機能自閉症では、小学校に入っても診断がされていないことが少なくありません。

　もちろん、疑うことは３歳くらいからできます。たとえば指示が通らないとか、落ち着きがないとか、集中できないとか、こういったことから疑うことはできます。ですが３歳くらいで、この３つのうちどれか一つがある子どもたちは20～30％もいますから、その子どもたちが全員発達障害かというと、そうではありません。多くの子どもたちはこれらの症状が５歳ころまでに消失してきますが、発達障害の場合には消えずに残っているとも

言えます。また幼稚園・保育園では診断がつかないと追加の人員配置（加配）が受けられないこともあり、診断自体の難しさとあいまって大きな問題です。これについては乳幼児健診の機会を増やすことや、診断可能な医療機関が増えることが期待されます。

・診断はあくまで入り口

　もう一つの大きな問題として、発達障害は、診断はあくまで入り口ですが、診断だけで終わっているケースが少なからずあります。発達障害の診断を受けるときには、すでにもう社会生活上の困難があったり、将来の目標が立てられなかったりと、いろいろな問題を抱えていることが多いのです。これに対して何ができるかということ、どうすればいいのかということを、きちんと考えていくというスタンスは、まだあまり十分には浸透していないように思われます。医療だけではなく、学校、家族、保育園、幼稚園などいろいろなところの連携が重要で、それがないと対策は立てられません。

　5歳児健診が最近話題になっているので、これについて少しお話をします。発達障害を抱える子どもたちが増加していることは先にもお話しましたが、多くは小学校

に入学してから、集団生活上の問題を抱えるということもわかってきました。従来の乳幼児健診のように運動障害、視聴覚障害、精神遅滞などのスクリーニング（簡単なチェック）では対応できないことが多いですし、しかも3歳児健診の後、健診がないまま就学を迎えます。そこで発達障害にも対応できる健診が望まれるようになりました。

　最近では発達障害の早期発見のために、5歳児健診が提唱されて、開始され始めました。鳥取県を初めとして栃木県や山口県、埼玉県の一部などでも行われていますが、全国的にどうやって発達障害を適切に診断し、どうやってきちんとフォローしていくシステムをつくるかという方策は、まだ確立していませんし、専門の医師やトレーニングされた専門家も、決して多くはありません。

　私も、発達障害の早期発見が可能なシステムを作ってみようと考え、自分で5歳児健診をデザインしてみました。しかもレッテルをはる、発達障害の診断名を

付けるということだけが目的ではなくて、どう対応するのか、どうフォローするのかまでのシステムを作ることが必要であるということも当然のことです。それから発達障害の問題だけではなくて、全般的な健康評価も、健診という以上、ある程度しなければいけないし、歯の問題もあります。発達障害を診療可能な医師による集団健診での実施を検討し、実際に行ってみました。

　6か月実施してみましたら、自閉性障害、それも高機能自閉症かなという子が1％ぐらい見つかりました。ADHDかなという子も1％くらいでした。そのほかに、軽度の精神遅滞なども発見されました。しかし発達障害を疑っても、集団生活を含めて社会生活上の困難が大きくない場合や保護者の認識によっては介入が簡単ではないという問題が出てきました。

　5歳児健診は、確かに高機能自閉症や多動・衝動型のADHDは発見されることがあり、適切な対応を行えば、子どもの日常生活にも変化がみられます。しかしどこでもこのように健診を行えるかというと、社会資源の問題からそうとは限りません。さらに健診の場は、子どもたちにとって非日常の場ですから、非日常に強い発達障害の子どもたちでは症状が隠れていて、いくら専門家が診

ていてもわからないということもあり得ます。このように健診自体の抱えるジレンマの問題もあります。

　５歳児健診が適切に行われるのであれば、全国的に行われるようになってほしいとは思います。しかし現在のわが国の状況を考えると、それは簡単ではありません。

　現在の大きな課題は、集団の場、具体的にいえば幼稚園・保育園に、どうやって技術的な援助をし、人的な援助をするかということだと考えています。幼稚園・保育園の先生方にスキルアップ（技術力の向上）をしていただいて、子どもたちの扱い方・対応がもっともっと上手になることが、その子の幸せのためにも、他の子どもたちや園全体のためにも、すごく大切なことではないかと思っています。そういった基礎ができて、その上に、まだなお問題を抱える子どもたちに対して５歳児健診などの方法で確認していくことが、一番よいのかなと考えています。ですから今は、問題を抱えている子どもたちに対して、集団の場でどう対応していくかということをよく考えていくことが大切だと思います。

発達障害者支援法

　発達障害者支援法が、平成17年４月１日から施行されました。ここでいう発達障害の定義は、自閉症、アスペルガー症候群とその他の広汎性発達障害、学習障害、注意欠陥・多動性障害、その他これに類する脳機能の障害、その他のものを含むということです。そしてその症状が通常低年齢において発現するということです。低年齢とは、一般的に７歳ぐらいを目安にしています。低年齢において発現するということは、発現すると書いてあるだけで、ここで全部診断できるというわけでは決してありません。

　この法律の中には、国及び地方公共団体の責務として、発達障害の症状が出たら、早期に発達支援を行うように、就学前から就労までの支援と書いてありますが、なかなかこれはできません。それは発達障害の症状が出たということを、どうやって判定するかという問題があるからです。それから市町村の責務として、乳幼児健診、学校健診（幼稚園での健診も含まれます）などで早期発見に努めるとも書いてあります。発見した場合には適切な支援を行うということも書いてありますけれども、現在の

乳幼児健診は、多くは3歳児健診で終わりですから、その後、学校に入るまで健診がありません。先ほどもお話しましたように3歳ではなかなか見つかりませんし、診断も容易ではありません。学校健診自体も、たとえば胸の音を聞いて、のどを見てという身体的な部分が中心になっており、行動やコミュニケーションの状況を見て判断するようにはなっていません。そのため、学校健診でもなかなか見つからないし、見つかっても周囲の理解や社会資源が不足しているので対応できないというのが現状です。

　教育の面では、発達障害児に対して、年齢や能力、障害の状態に応じて、適切な教育支援や、支援体制の整備を行うということが法律の中に明記されています。これが特別支援教育とよばれるものです。

　障害者自立支援法の問題もあります。これは平成18年4月から一部、10月から本格的に施行されました。基本的には、福祉サービスの一元化と、費用負担をある程度明らかにするということになっていますが、将来的にはおそらく介護保険との一元化も考えられるといわれております。

　対象は常時障害を示すとされる身体、精神、知的な障

害が対象とされ、いつも障害を示しているわけではなく、場面や時によって障害が出たり出なかったりする発達障害は入っていませんでしたが、近日中には含まれると思われます。精神障害であっても、治療して、若干の困難を抱えながら日常生活を送れるようになっている方たちには、障害者自立支援法での支援が受けられますけれども、発達障害の場合には生活に困難を抱えていても障害者手帳も取れず、支援も受けられないというのが、これまでの状況でした。

　保育園では現時点では関係ありませんが（障害児保育は福祉サービスの一環として行われているので、教育の面での位置づけではありません）、幼稚園および、小学校では特別支援教育という問題があります。特別支援教育自体は以前から行われていましたが、平成19年度から全国的に発達障害に対する支援教育が広がってきました。たとえば小・中学校ではスクールコーディネーターのような方が各学校に配置されて、特別支援教育を担うという形になっています。通級指導教室が一般的に行われていますが、これは通常学級に在籍しながら、週に1～2度、個別やグループ指導のために定期的に通うものです。

幼稚園での特別支援教育はまだ始まったばかりです。

　小学校の通級指導教室に平成18年度は、約4万2千人の方が通っていました。平成19年度は全国的に制度化され、4万5千人が通級していました。しかし、対象の方はおそらく60万人ぐらいいるとも言われていますので、とても十分ではないと思われます。さらには個人個人の問題点はさまざまであり、通級指導教室で何を具体的にどう指導するのか、必要なのは学力なのか、社会性なのか、指導なのか、受容なのか、こういうこともまだ統一はされていません。この特別支援教育の流れは幼稚園・保育園でもいずれ直面することになると考えられます。

「支援」の前にまず「理解」

　発達障害の子どもたちに対して、まず理解をするという姿勢が重要です。わが国ではすぐに支援という言葉が叫ばれますけれども、理解することが前提です。

　たとえば大地震が起きたとして、相手がどういう状況にあって、何が必要かということを理解しないで支援をすれば、いらないトイレットペーパーが何年分もいっぺんにきてしまったりすることが起こるわけです。理解をするためには、必要なこと、そうでないことを見極めるということも大切です。

　それから、子どもの行動には必ず理由があります。その時わかるかわからないかは別ですが、それを理解する、少なくとも理解しようとすることが大切です。指導しようとか、矯正しようということではなくて、まず基本は子どもの目線に合わせて、一緒に汗をかきながら、どうやってどうすればよいかを考えるということです。理解なしに支援をすることは、不可能です。

第5章

発達障害の各論

ADHDや高機能自閉症とはどのようなものか、症状や注意点、持っているパワーなどから将来何が向いているかについて考えてみましょう。障害の部分だけではなく、才能の部分にも目を向ける必要があります。

> ## ADHDの特徴
>
> ❀**一次性の症状**
> →不注意性（忘れもの、注意が集中できない）
> →衝動性（ルールを守れない）
> →多動性（じっとしていられない）
>
> ❀**二次性の症状（高機能自閉症でもしばしば）**
> →行動上の困難（何をしてもうまくいかない）
> →交友関係の破たん（友だちづきあいが長続きしない）
> →Self-esteemが低い（何をしても認められない）
> →学業不振・学習障害（成績が悪い）

　ADHDの一次性の症状からの診断は3つに分かれます。忘れ物とか、注意を集中できないという不注意の症状が中心であれば不注意型、衝動性、ルールを守れない、飛び出す、割り込むといった衝動的な症状や多動性、じっとしていられないという症状が強ければ多動・衝動型、両方あれば混合型ということになります。これらの症状が6か月以上続いており、社会生活上の障害になっていることも診断の条件です。

　不注意型は、不注意の症状が144ページに掲げた診断基準に9個の症状があります。そのうち6個以上あては

まるものが不注意型です。忘れ物が多かったり、集中できなかったりということが中心ですので、学校に入る前、就学前には見つからないことが多いようです。場合によっては大人になるまで、見つからないこともあります。

多動・衝動型は、多動と衝動の症状が９個のうち６個以上ある場合で、就学前にかなり診断されています。要するに落ち着きがない、うろうろ動き回る、割り込んだり飛び出したりする、ルールを守れないと、こういったことで見つかることが多いようです。ただ、これらの症状があるだけでADHDだということではなくて、実際には社会生活、特に集団生活での障害があることがポイントです。

一次性の症状（本来の発達障害としての症状）だけならまだしも、放っておきますと徐々に二次性の症状が出てくることがあります。二次性の症状（二次障害）は、何をしてもうまくいかないという行動上の困難、あるいは交友関係がうまくいかない、友だち関係が長続きしない、自尊心が低い、自信を持てない、何をしても認められないということなどです。小学校以降では学業不振もしばしば見られますし、キレやすくなって周囲に反抗する反抗・挑戦性障害や非行を起こす行為障害にいたるこ

ともあります。

　どのくらいADHDの人がいるかということもよく質問を受けます。ADHDとして治療を受けている子どもたちは、アメリカではだいたい小学生では３〜８％ぐらい、オーストラリアでは１％ぐらい、イギリスでは0.5％ぐらいと、比較的民族が似通っていても、ずいぶん差がありますが、日本では、治療を受けている子は0.5％以下と考えられています。治療や対応が必要な子どもたちは、少なくとも１％はいるだろうと考えられていますので、やはり認識が遅れているために、対応も遅れていると考えられます。

・ADHDの治療

　薬物療法としては一番使われているのはmethylphenidate（メチルフェニデート）です。約70％の子に有効、特に不注意型のADHDには効くというふうにいわれています。今までは商品名リタリンが使われていましたが、薬物乱用の問題から使用ができなくなり、別の剤形での薬（コンサータ）が出ました。また、2009年にはatomoxetine（ストラテラ）も出ました。さらに、リスペリドンやSSRIなど、いろいろな薬が使われてい

ます。これらの中には、子どもに対する使用の適用が認められていないものもあります。

　ADHDと診断されると、methylphenidateなどを使用するケースが多いことは問題点の一つでもあります。重要なことは、どうやれば生活の質（Quality of Life: QOL）が上がるかということです。薬よりも、どうやって対応するか、どういうふうにうまくADHDの子どもたちをコントロールするかということが重要だと思っていますし、当然のことながら、Self-esteemを育てること、自分に自信を持つことが、社会性の獲得やQOLの向上につながるということはいうまでもありません。

ADHDのパワー

❀ 疲れを知らない。動き回るパワーは驚きに値する
❀ 私たちにはまねできない
❀ そのパワーが授業中に発揮されると…「障害」
❀ そのパワーが職業に生かされれば…「才能」
❀ 障害を才能に変えるのは行動療法

　ADHDのパワーにはすごいものがあります。保育園の場合では、たとえば多動・衝動型では朝９時に保育園に来て、そして夕方５時に帰るまで、場合によっては昼寝の時間も含めてずっと止まらずに動き回っていることができます。疲れて休むかと思いきや、まったく休まず、ずっと動き回っている、ものすごいパワーです。これはとても凡人にはまねができません。

　それが保育園の普通の生活の本の読み聞かせやお遊戯の場で発揮されれば障害になります。しかしそういったパワーを将来大人になったときに職業に生かしていくことができれば、これは明らかに才能になります。どうやって障害を才能に変えるかというのが後でお話する行動療法の問題です。

> ## ADHDの将来
>
> ❀ ADHDの人たちは、動き回ったり気分を変えていくことが得意
> ❀ じっくり取り組むことが苦手
> ❀ 向いている職業：セールスマン、営業担当、電話勧誘、マスコミ関係、窓口業務、案内係など
> ❀ 向いていない職業：技術・設計関係、著述業、教師、警察官、音楽家、プログラマーなど

　動き回ったり、気分を変えていくことが非常に得意である反面、じっくり取り組むことは苦手です。たとえばセールスマン、営業担当、電話勧誘、マスコミ、窓口業務、案内係のように、動き回ったり、次々に場面の変わるようなものは得意です。一方、技術・設計関係や、本を書くなどの著述業、教師、警察官、音楽家、プログラマーのように、じっくり取り組むことが必要な職業は、比較的苦手だとされています。将来像まで見通して、この子のよい所をどうやって伸ばすかということを考えていきたいですね。

高機能自閉症の特徴①

- 身振りを示すことが少ない
- 不器用だったりぎこちなかったりするボディランゲージ
- 表情が乏しい
- 表現が場に合わない
- 視線が奇妙でよそよそしい

　知的には劣っていないのに、会話がうまくつながらなかったり、指示が通らなかったりするとか、友だちができなくてうまく遊べない、何かに熱中し始めると止まらないという子どもたちがいるということを、1944年にオーストリアの小児科医のハンス・アスペルガー博士が、最初に報告しました。

　特徴として、まず非言語的なコミュニケーションの問題があります。たとえば身振りを示すことがうまくいかない、不器用、ぎこちないボディランゲージです。表情や身振り手振りを含めて表現することが上手ではありません。表情がなかなかはっきりしなかったり、あるいは表現が場に合わない、たとえば、ここは悲しむ場なのに、全然違う、喜ぶような様子であったりします。また、視線が奇妙でよそよそしいというのは、目が合わない、視線が合いにくいなどの問題も含まれます。

> ### 高機能自閉症の特徴②
> - 何かに熱中し始めると止まらない、周囲を気にせず熱中する
> - 熱中していることについての記憶力や集中力は想像以上である
> - 運動面で不器用さが見られる（走りかたがぎこちない、ボールをうまく投げられないなど）
> - 良い日と悪い日の差が極端にある

　熱中していることについての集中力や記憶力は、ものすごいものがあります。たとえば新幹線が東京駅を出るとどういう放送をするかを聞いてみると、英語も含めて、全部言える子が知っているだけで３人はいます。そのままにしていると、１時間ずっとしゃべっています。こういうことは普通の人にはできません。

　運動面では、協調性運動障害が見られることがしばしばあり、不器用な子どもが少なくありません。走るのが遅いとか、ボールを投げたりけったりするのがうまくないなどが見られます。多くは小学校高学年では目立たなくなりますが、幼稚園・保育園ではむしろ運動面の問題が目立つことがあります。さらに、話がよく通じて指示の通りやすい日と、まったくだめな日の差が極端になることもあります。

> ## 高機能自閉症の集中力
>
> ❀ 疲れを知らない。集中するパワーは驚きに値する 私たちにはまねできない
>
> ❀ しかし集中力は社会的に必要とされないことで発揮 されることが多い
>
> ❀ その集中力が授業中に発揮されれば・・・「障害」
>
> ❀ その集中力が職業に生かされれば・・・「才能」

　本当に集中力というのはものすごいものです。しかし、実際に子どもたちを見ていると、そういう集中力は、社会的に必要とされないことで発揮されることが多いという特徴があるのです。新幹線の車内放送をすべて覚えても、大人になったときに、それでお金がかせげるわけではありません。

　そういったあまり関係ないことに必死に集中している姿が、幼稚園・保育園で見られれば、これは障害ということになります。要するに、集団行動に参加できません。しかしそれが大人になってから、そのパワーが職業的に生かされれば、働けますし、これは明らかに才能になります。そのためにも次の章の行動療法が重要です。

> ### 高機能自閉症の将来
>
> ❀ コミュニケーションが苦手なかわりに、正直、まじめ、率直、正義感などが長所
> ❀ 向いている職業：技術者、音楽家、芸術家、棋士、コンピュータ関連（ときに教師、警察官、介護・動物関連なども）
> ❀ 向いていない職業：営業マン（特に訪問販売など）、店員、窓口業務が主な公務員、銀行員など

　向いている職業としては、じっくり型の技術者、音楽家、芸術家、それから囲碁や将棋のプロなどです。トッププロの方にも、実際に高機能自閉症の方がいらっしゃいます。それからコンピュータ関連、ときに教師や警察官が挙げられますが、教師については小学校では子どもたちと目を合わさなければできませんので、専門性の高い高校以上ということになります。警察官は正義感が強いので向いていますが、融通がききません。非言語的コミュニケーションが苦手であるのが特徴なのに、なぜかよくわかっていませんけれども、介護や動物関連の職業に関しては、うまくいっている方がいるということもわかってきています。

高機能自閉症の診断をめぐる問題

　一般的には、アスペルガー症候群という名前が有名です。アメリカの精神医学協会によるDSMⅣ-TRという診断基準では、広汎性発達障害という自閉症グループ全体の診断名があり、この中にアスペルガー障害として位置づけられています。診断基準は146ページにのせてありますが、この基準では幼児期までの発達に問題がないこと、言葉の遅れがないことが挙げられています。アスペルガー障害という形での位置づけができたのは、1980年代の終わりから90年代にかけてですが、イギリスのローナ・ウィングさんたちの考えは、自閉症スペクトラム（自閉症の特徴を持つ人たち全体、知的にも高い人から低い人までの連続性がある。そして自閉症は社会性・コミュニケーション・想像力の障害によって特徴づけられる）から見たアスペルガー症候群を提唱しています。小さいころの発達は問題にしていません。最近では自閉症スペクトラムから見た高機能自閉症という表現をされています。ですからアスペルガー症候群には、最初にアスペルガー氏が紹介したもの、世界中で一番よく知られている米国精神医学協会のもの、それからローナ・

ウィングさんたちの3種類があります。実際に、子どもと、大人を含めてのたくさんの方を見ていると、ローナ・ウィングさんたち高機能自閉症の考え方が一番よくあっている感じがします。最近では国際的にも高機能自閉症と呼ばれることが多くなっています。高機能自閉症の高機能は、知的に障害がないという意味ですから、知的に障害がない自閉症という、大きなくくりで診断して対応を考えるようになっています。

学習障害

　発達障害の代表のもう一つ、学習障害です。学習障害は、学習を行っていく上での特定領域の障害ですから、たとえば読みとか書きとか算数の障害が代表とされています。文部科学省の扱いでは小学校低学年では1学年以上、高学年以上では、特定領域の2学年以上の遅れがある場合に学習障害を疑うということになっています。そのほかに図形のイメージが理解できないとか、たとえば漢字はだめだけれども、ひらがなとカタカナにはまったく問題がないという特殊なタイプの学習障害もあります。

　わが国では、早期発見をするというよりも、遅れをきっかけにして発見するというケースが多いことが問題点となっています。幼稚園・保育園では、学習を実際に行っているところがありますが、義務付けられていませんので、学習障害が発見されることは多くありません。絵を描きたがらない、描くけれどもなかなかうまくならないときには学習障害か精神発達遅滞の可能性があるように感じています。

　発達障害では、先ほどもお話しましたように、高機能自閉症とADHDの間には連続性があります。一方から

見れば高機能自閉症、もう一方から見ればADHDという子どもたちは決して少なくありませんし、小学生から中学生になれば学習障害を合併していることもあります。ですから、これらがまったく別の問題だというようには考えないで、「発達障害」という大きなくくりで考えたほうが、理解しやすいことが多いようです。ですから３つを厳密に分けるというよりも、むしろ全体的な発達障害というくくりとして対応することをお勧めしています。

コラム

　発達障害の診断がついて何がその子に大切かということがわかれば対応しやすくなるのは当たり前ですが、診断名だけで終わってしまうと、具体的に「何が必要か」がわかりません。大切なことは、その子がどうやって家庭や集団で快適に過ごせるようになるか、周囲もイライラしないですむようになるかということです。たとえば高機能自閉症という診断がついても、生活上の問題点は一人一人違いますし、対応も違ってきます。この章で発達障害がどんなものかを理解していただけたと思いますが、大切なことは発達障害の基本的な知識を子どもたちへの実際の対応に生かしていくことです。

第6章

幼稚園・保育園で疑われた発達障害

> 実際に幼稚園・保育園で発達障害を疑ったときにどうすればよいのでしょうか。診断できるところも多くはありませんが、子どもたちに対する基本的な対応が大切です。またどのように保護者に伝えるかも大きな問題です。

診断の問題をめぐって

　幼稚園・保育園で疑った発達障害に対して、どう対応するかです。まず、最初の問題は、疑っても診断のできる所が少ないということです。ですから疑ったときにどうすればよいかということが問題です。市町村などで幼稚園・保育園での巡回相談を行っている所もありますが、巡回相談の担当者は、普通は医師ではありませんので、どう対応するかとか、受診させた方がよいという指示のみで、診断はできません。そして、発達障害の診断が可能である医療機関がとても少ないのです。小児神経科医、小児精神科医がいて、きちんと診断ができる所というのは極めて少ないという現状です。

　さらにもっと問題になるのは発達障害の疑いで医療機関に受診したときに、診断できる医療機関は決して多くありませんので、そこで「様子を見ましょう」といわれて、ただ時間がたってしまったり、「これはこの子の特性でしょう」とか、「特徴でしょう」とあっさり片付けられてしまったりして、具体的に日常生活上困っていることがあるにもかかわらず、放置されてしまう危険性があることです。きちんとした診断をすることも難しいの

ですけれども、それに基づいてきちんとした対応を指示したり、相談をしたり、カウンセリングをする、あるいはトレーニングをするというところはもっと少ないという問題があります。

しかし実際に幼稚園・保育園では目の前に問題を抱えた子どもたちがいるわけです。これを放っておくわけにはいかないわけですから、診断はともかくとして行動やコミュニケーションの問題を抱える子どもたちの対応をめぐっては職員のスキルアップするということが重要だろうと考えています。

診断については専門医が診ても容易ではありません。5歳児健診を小児科、小児神経の専門医が担当した結果については先にもお話しましたが、5歳の時点での、しかも集団健診での結果であり、見つかった子どもたちが高機能自閉症とADHDのすべてというわけではありません。診察してもわからなかったり、見逃している場合もあると思われます。

10歳ではどのくらい診断されているかということを、調べてみましたが、おそらく多動・衝動型のADHDは、７割以上が、混合型では、それより多くの割合で診断されていると考えられます。ただ不注意型のADHDでは、おそらく50％程度だろうという結論になりました。

　高機能自閉症は、たとえばパニック障害など、いろいろな二次障害を起こし、それをきっかけに発見されることもありますので、10歳の時点で診断をされている割合は、おそらく50％以下だろうと考えられます。学習障害は、その学習の遅れの程度にもよりますが、だいたい50％ぐらいだろうと考えます。

　３歳ぐらいでいろいろな問題点を抱えている子どもたちは、５歳になれば減ります。その中には発達障害ではなくて精神発達遅滞の子どもたちもいますし、もちろん普通の子どもたちもいますので、全部が発達障害というわけではありません。きちんと診断がついているとは限りませんし、診断上にもいろいろな問題があるわけですので、子どもを嫌いにならずに（回避感情を強くせずに）、落ち着いて対応し、言葉に耳を傾けるなど、上手に対応していくことが必要です。そうすれば子どもたちも変わってきます。

幼稚園・保育園での対応のポイント

回避感情を持たずに、子どもの言葉に耳を傾けて、落ち着いて対応していきましょう。

どこで介入するか

　行動やコミュニケーションの問題を抱え、発達障害が疑われる子どもたちに、どこで幼稚園・保育園が介入するかということは、難しい問題です。介入は、単に診断名を教えてもらう、レッテルをはるだけのためのものではありません。保護者が子どもの行動やコミュニケーションの問題について生活上困難を感じているという場合には比較的容易に介入できますが、集団生活の場では、いろいろな困難があります。幼稚園・保育園では問題があっても、家庭では全然問題がない場合には、なかなか介入しづらくなります。介入が課題となるのは、高機能自閉症の場合では知的な能力が高いので、生活上の問題や困難がはっきり出てこないということがしばしばあり、ADHDでは、何となくそのうちに何とかなるだろうという、根拠のない期待感があるために、なかなかうまく介入がいかないというケースがあります。

　しかし、集団をはじめとする日常生活で困難を抱え、客観的にも介入が必要かなと思われる場合があります。診断・対応についてのアドバイスやお手伝いをしてあげなければいけない子どもたちに対して、ただ経過をみる

だけに時間を使ってしまうということは、単に何もしないで様子をみることと同じです。将来、その子に対して何かをしなければいけないということが分かったとき、何もしないで様子を見ていた時間は、いわば「無駄」な時間になります。

しかし、生活上の困難が出ているときに適切に介入したり、アドバイスをすることは簡単ではなく、「おせっかい」とか「余計なお世話」と言われてしまうことがあるので注意が必要です。

幼稚園・保育園での対応のポイント

集団をはじめとする日常生活で困難を抱えている場合は介入が必要です。

どうやって保護者に伝える？

　幼稚園・保育園で、「これはやはり気になるな・・・」と思ったときに、どうやって保護者に伝えるかということも大きな問題です。外から見えない、誰が見ても同じとは限らない障害は理解されにくいという傾向があります。たとえば手が動かない、足が動かない、心臓に雑音があるなどは理解されやすいのですが、発達障害の場合にはパッと見て何かがあるというわけではありませんので、理解してもらうことにはいつも困難がつきまといます。伝えるときのトラブルは、幼稚園・保育園と保護者の間でしばしば起こります。

　保護者に対して行動の問題、たとえば落ち着きがないとか、コミュニケーション能力がよくないという話をしますと、保護者は自分が責められている、「あなたの育て方が悪かった」と言われていると感じやすい傾向があります。そこで責められたと感じれば保護者が攻撃的になってしまうこともあります。さらに、そのように言われると、たとえば母親が家に帰ってその話をしたときに、「そら見ろ、あんたの育て方が悪いからだ」などと周囲から責められることもあります。また、幼稚園・保育園

側は「あの子、何とかしてよ」と、周りのお母さんたちから、いろいろとクレームが出てくるということもあります。

　どうやって話すかというときに重要なことは、まずその子のよいところについて保護者と先生の間で、共通認識をもっておくことです。これは発達障害の場合に限らず、すべての子どもに対して言えることです。すなわち接近感情の共通認識が土台にあることが大切です。「Aちゃんは、こんなところがすごい」「これはほかの子にはできない」「落ち着いているととってもよくお話ができるね」「先生が困っているとすぐにお手伝いをしてくれるね」「泣いている子どもにはすぐに駆け寄ってなぐさめてくれるね」「お絵かきがとても上手」「粘土では思いがけないものを作ることができるね」「小さい子にも優しいね」などいろいろな面をあげます。そのようなところを、まず理解しておいて、それについての共通認識、接近感情の共通認識を、保護者と幼稚園・保育園の間で作っておくということが必要です。それがなければ話すらできなくなりかねません。それがあれば、集団からはじき出すために、締め出すために、こういう話をしているのではないということを保護者に理解してもらう

ことが可能になります。そして診断を受けて、どうすればよいかがわかれば、よりよい対応が可能になることも話します。ポイントは、適切な対応方法がわかれば、家庭と協力をしながら幼稚園・保育園での生活がもっと楽しくなるかもしれないということを、前面に出すことです。保護者の責任だけでこうなったのではないということも、きちんと言う必要があります。保護者の回避感情が強ければ子どもの行動やコミュニケーションの問題は、協力して解決に向かうことが困難になります。保護者にまったく問題がないわけではない、と思うようなところがあっても、大切なことは子どもがもっと楽しく、そして落ち込むことなく集団の中で生活することですので、保護者が園から責められているという印象を与えないようにしましょう。

　幼稚園・保育園の方で扱いにくさという回避感情が前面に出ているとき、保護者に上手く伝えようとするのは、ほとんど無理です。まず接近感情の部分を、保護者とうまく共有する、その上で問題点を伝えていくというステップを取ることがトラブルを避けることにもつながります。

幼稚園・保育園での対応のポイント

保護者と先生との間で、子どものよいところの共通認識をもちましょう。そこから話し合いがスタートです。

発達障害は非日常には強い

　発達障害の子どもたちの特徴として、日常には弱いけれども、「非日常」の場面には強いということがあります。たとえば、ADHDの子どもが小学校に行きたいと考えていれば、就学前健診を何とかこなします。保護者が幼稚園・保育園に来ればおとなしくしています。高機能自閉症の子どもも、行きたい小学校での就学前健診ではこだわりを見せなかったり、保護者が保育園・幼稚園に来ればおとなしくしていたりすることがあります。就学前健診は毎日あることではなく、いわば「非日常」の出来事ですから、小学校に入りたければたいていのことは我慢してがんばります。また保護者が１日だけ幼稚園・保育園に見に来るということも、子どもにとってはお祭りのようなもので「非日常」です。

　ですから、園での子どもの行動に困って、「お母さん、一度でよいから見に来てくださいよ」と話したとします。そうすると母親は仕事を休み、無理をしてでも行きます。しかし、朝から１日ついていても、子どもは何の問題もなく、じっとしていて何も問題が起きないということがよくあります。子どもから見れば、普段来ない母親がい

るのは非日常ですから、普段とは違う行動をとることには、何の問題もありません。すると母親にとってはその幼稚園・保育園が、うちの子を悪く思っているのではないかと感じます。言われたから行ってみたけれど、何の問題もないじゃないかということで、その結果、園と保護者の間のトラブルが起きるということになります。

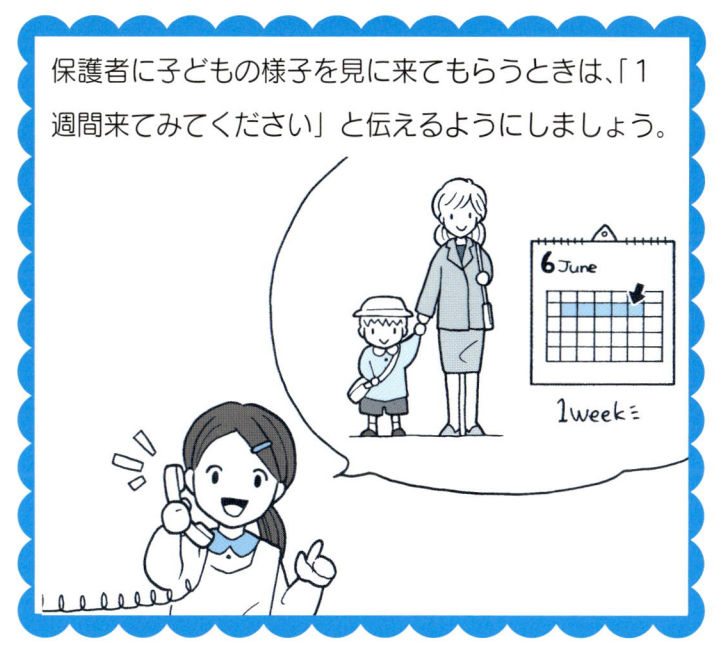

幼稚園・保育園での対応のポイント

保護者に子どもの様子を見に来てもらうときは、「1週間来てみてください」と伝えるようにしましょう。

障害は受容されるか

　発達障害でも「障害」という名前が付きます。これをどうやってうまく受け止めるかという問題も、同時に考えておかなければいけません。障害は、必ずしも受容されるとは限りません。障害を受容するということは、現実を見つめて受け入れることですが、受容したからといって治るとは限りません。発達障害、たとえば高機能自閉症が本質的に治るかといわれれば、治るとはいえませんから、受容は容易ではありません。

　それでも、やはり努力をしていく必要はあります。受容することによって、この先何が必要かという具体的な将来の対策をとることもできますし、たとえば福祉とか教育とか保健とか、いろいろなところとの連携をしていくことも可能になります。ですから、現実を把握して将来のことを考えるためにも大切です。

第7章

行動療法

子どもたちの行動をどのように変えていくのか、どのような方法を用いればよいのかについて考えてみましょう。少し対応を変えることでも、子どもたちは伸びていきますし、集団行動も楽になってきます。

行動療法

　行動療法は心理学の考え方にもとづいています。名前を聞くと大変そうですが、実際には簡単な方法です。認知行動療法、応用行動分析（ABA）などの名前で呼ばれることもありますし、内容もそれぞれ少しずつ異なるのですが、基本は同じです。ここではシンプルに行動療法としてお話します。

　基本的には好ましい行動（指示に従う、お手伝いをする、友だちと仲良くするなど）を増やす、好ましくない行動（指示に従わない、固まってしまう、動き回ってみんなを混乱させるなど）を減らす、破壊的行動（物を壊す、投げつける、友だちに乱暴を働くなど）をなくす、これだけです。ただ話を聞くだけという受容的なカウンセリングのやり方ではなく、実際にどう行動を変えていくのかを目的にして話をし、行動してみるカウンセリングの方法です。たとえばADHDに対して薬剤を使ってみたからといって、それだけでは効果は十分とはいえないことが多く、社会生活を送る上では訓練も必要ですから、行動療法は重要な要素です。

たとえば主婦の方でしたら、だんなさんがお酒を飲みすぎて困るとします。お酒を飲まなかったら、お小遣いを増やそう、そしてお酒を飲みすぎて帰ってきたら、次の月のお小遣いを減らそう、さらに酔っぱらって帰ってきて玄関で暴れるのであったら、布団に寝かせないでそのまま放っておこうとかということです。実際にそのようなことは、日常生活の中でやっていることで、行動療法自体は自然に行っているといえます。

　ファミレス問題という有名な問題があります。子どもが家族と一緒にファミリーレストランに食事に行ったとします。そして出てくるときにはおもちゃを抱えてうれしそうにしていたという場面の解釈です。レストランで落ち着いて待っていておとなしく食事をし、ごほうびにおもちゃを買ってもらったのならよいのですが、なかなかそうはいきません。料理を落ち着いて待っていることができない、中で騒ぎ出す、食べ始めてから固まってしまうなどの行動をやめさせるためにご機嫌とりでおもちゃを買ってしまうこともあります。この場合には「望ましくない」行動をして「ごほうび」をもらったことになりますから、行動療法の原則からは外れています。行動療法は、好ましい行動に対してごほうびをあげて好ま

しい行動を増やすように誘導し、好ましくない行動に対してはごほうびをあげないことで減らすように誘導するということが基本です（行動療法の参考書は巻末参照）。

●行動療法には接近感情が欠かせない

　まず、行動療法を行う前提として、好きでなければ始まらないということがあります。扱いにくさのところでもお話をしましたけれども、行動やコミュニケーションの問題を抱えた子どもに対しては、必然的に回避感情が強くなりやすい傾向があります。しかし回避感情を前面に出して子どもに接しても、子どもは決してついてきません。好きであるという接近感情を前面に出して、その上で行動やコミュニケーションの問題を考えましょう。嫌いな子どもに対して行動療法ができるかというと、まずそれはできないというふうに考えてください。私も外来で多くのお子さんを拝見しています。行動やコミュニケーションに問題を抱える子どもたちに対して、みんな好きになれといわれても、すぐにはできないこともあります。何回か接しているうちに、その子のよいところを見つけ、接近感情を強くするようにしています。こちらが接近感情を持っていることが子どもにも分かると、行

動療法の指導も少しずつ楽になります。

●聴覚入力と視覚入力

　発達障害の場合、耳は聞こえているわけですが、言葉による指示がなかなか入っていかない、実行に結びつかないということがあり、特に離れての声かけは難しくなります。高機能自閉症では、聴覚過敏、すなわち大きな音や特定の音に対して非常に過敏になることもあります。反面、発達障害を抱えた子どもたちは目から入る情報には反応しやすいことが多いので、視覚情報を有効に使うことが大切になってきます。声かけの原則は後でお話しますが、離れているところから声をかけるのではなく、後に紹介するサインボードや絵カードなど目で見えるものを有効に使うということが効果的です。

行動療法の実際❶ すぐほめる、すぐ叱る

　すぐほめる、すぐ叱ることも大切です。時間がたってしまってからでは効果がなくなります。好ましい行動をしたり、うまくいったりしたときには、抱きしめてもよいから、すぐにほめるということが重要です。してはいけないことをしたら、すぐに叱る、注意するということが基本です。

　ほめるという問題に関して、高機能自閉症の子どもたちは、場や相手の表情の理解が苦手なことが多いですから、いくらうれしそうな顔をしてほめても、ほめられたと感じていないことがしばしばあり、ほめたつもりで終わってしまうこともあります。高機能自閉症では視覚入力は比較的得意で、絵カードやサインボードなど形の変化しないものを理解することは一般的に上手ですが、表情は時間とともに変化しますし、顔のさまざまな部分や、場の雰囲気なども関係するので、理解することが苦手な場合が少なくありません。ですから、ほめるときには抱きしめる、絵カードを使う、シールを使うなど、何をしてもよいですから、とにかく子どもに分かるようにほめるということが、とても大切です。

ADHDでも同じです。ほめたときに注意がほかに行っていればほめたことを分かってもらえません。とにかく、ほめるときには、相手に分かるようにし、子どもがほめられたことでうれしくなるということが大きなポイントです。

　もちろん子どもたちは悪いこともしますので、叱らなければいけないこともあります。ADHDの子で、しばしば体罰を受けている子もいますが、言うまでもなく体罰は駄目です。子どもに、これをやったらうまくいかない、この行動をしてもよいことは起こらないということを、頭の中で理解させることが大切です。

行動療法の実際❷
声かけはCCQ

　発達障害の子どもへの声かけは、奈良教育大学の岩坂英巳先生に教えていただいたことですが、CCQという原則があります。最初のCはClose「近づいて」、次のCはCalm「穏やかに」、3番目のQはQuiet「静かに」、これが原則です。要するに、近づいて、穏やかに、静かに声をかける。これを繰り返すということです。怒鳴ったり、遠くから大声で話したりでは指示そのものが入りにくいと考えてください。もちろん先に、サインボードなどを使って、少し注意を引いておくことも効果的です。手を伸ばしたら肩に手がかかるぐらいの距離で、声をかけることがポイントです。

　何かに熱中して振り向かないこともあります。そのときでもやはりCCQは守ってください。腕をつかんで無理矢理こちらを振り向かせたとしても、そのときたまたま話ができただけで、次も同じことをしなければなりません。それをくり返しても子どもが少しの声かけで自然に動くようにはなりません。行動療法の基本は、どうやって好ましい行動をうまく蓄積していき、好ましくない行動を減らすかを目指すということです。

第7章　行動療法

ステップ1
Close

ステップ2
Calm

ステップ3
Quiet

ちゃんと
おかたづけして
えらいね〜

うん！

111

行動療法の実際❸
ときには子どもたちを無視する

　無視をするということも重要なことです。子どもたちが興味を引きたがって行動していたり、勝手なことをしていたりすることはよくあります。たとえば、先生のズボンやスカートにまとわりついたりすることがあります。そのときにどうするかです。「やめなさいよ」と言っても、やめてはくれません。「やめなさいよ」と言われれば、相手にしてもらえたと感じ、子どもはもっと喜んでその行動を続けます。そうなってから無視をしても、なかなかやめません。そういうときは、「じゃあ、あそこにあるマジックインキ持ってきて」と子どもに言って、子どもが持ってきてくれたら「よくやったね」とほめてあげます。好ましくない行動をしていたのに、それをやめて好ましい行動に移るわけですからいわば一石二鳥です。もちろん「駄目だよ」といって相手をしても喜ぶわけですから、何かよいことをして、そしてほめられることはもっと喜びにつながります。同じ声をかけるにしても、「駄目だよ」と「ありがとう」の差は大きいので、無視から、うまくやって望ましい行動に切りかえるということは大きなポイントです。しかし、これはなかなか

簡単にはできませんので、経験も必要です。

　無視をするのか叱るのかということもポイントの一つです。子どもがすべきことをしないで好きなことをしているときを考えてみましょう。そのときに誰かに迷惑をかけていたり、その行動によって集団での行動がうまくいかなかったりするときには基本的には叱ります。その行動は「よくない」ことを理解させるためです。一方、好きなことをしているけれども、その行動によってほかの子どもに迷惑をかけたり、集団の行動を邪魔したりしているのでなければとりあえず無視しましょう。その行動をしても「注目されない」ことを理解させるためです。最初にあげた、先生に注目してもらいたくてまとわりつくのは、確かに先生にしてみれば迷惑なこともありますが、まず無視をします。そして行動の内容を自然に変えていこうということです。

行動療法の実際❹ 命令系・禁止系・希望系

次に、「命令系」、「禁止系」、「希望系」というお話です。命令系は「○○しなさい」、禁止系は「○○しては駄目」、希望系は「○○してくれるとうれしいな、○○してくれるといいな」です。保育園・幼稚園では子どもに語りかけるときに、命令系や禁止系で話すよりも、希望系を使う方が子どもたちは言うことをよく聞いてくれます。

実際には、発達障害を抱えた子どもたちだけではなくて、精神遅滞を抱えた子どもたちも、普通の子どもたちも、すべての子どもたちに対して言えることです。なお「○○してください」という表現は命令系と希望系の中間になります。命令系よりはやわらかいけれども、次に子どもが自発的に「望ましい」行動を起こすための効果は希望系よりも少ないように感じています。

「きちんと並びなさい」は命令系です。すぐに列から離れてしまう子どもには言ってしまうかもしれません。でも子どもが次に並んだとき、列から離れないでしょうか、おそらくまた離れると思います。うまく並んだときにほめることもできますが、命令のあとにほめることは意外にうまくいきません。「列から離れてはだめよ」は禁止

系です。

　そのときにはうまくいっても次にも同じことが起きます。「きちんと並んでくれると先生うれしいな」「列から離れないでいてくれたらうれしいな」が希望系です。希望系ではうまくいったときにほめることがセットになりますので、子どもの「望ましい」行動を強化しやすくなります。

このように子どもたちを動かすときには、命令系・禁止系ではなくて、どのように上手に希望系を使うかが大切です。私は今までもいろいろな保育園・幼稚園とかかわってきましたが、希望系を使うのがうまくなった先生たちは、子どもたちの扱い方が、格段にうまくなります。もちろんその先、子どもたちが社会で暮らしていくためには、我慢が必要なときに我慢することも必要ですし、それから最低限必要な社会ルールを守る、交通ルールやあいさつなどの基本的な社会習慣を守るということも、非常に重要です。しかし一方、発達障害の子どもたちにとっては、動き回る、何かに集中するということを含めて、パワーを発揮できる場所をどうやってつくってあげるかということも重要です。思い切り動き回る、思い切り好きなことに集中する、それは最高のごほうびですし、希望系と連動させれば子どもの行動を変えることが容易になってきます。

第7章　行動療法

行動療法の実際❺
絵カードの活用 〜○×カードと表情カード〜

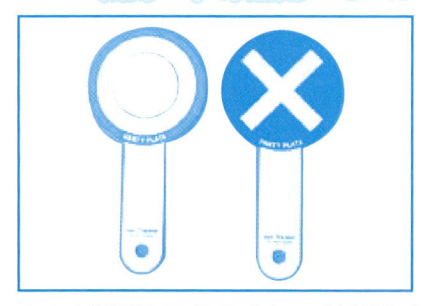

　幼稚園・保育園でよくお勧めしているのは、表が○で裏が×のボードを使って指示をするということです。4歳以上であれば理解できますし、効果もあるようです。子どもが好ましくないことをしているときには、遠くから声をかけるのではなく×のほうを見せます。そして×のほうを見せたら、子どものほうが行動を少し変えてくるでしょう。うまく、何かすべきことをやるようになったときには○にします。これを繰り返して行動を変える習慣をつけていくことも効果があります。

　ここで重要なことは、このボードを使う場合、最初は×でも、必ず最後に○で終わることです。×で始めて×で終わっていては好ましくない行動を減らして、好ましい行動を増やすことにはつながりません。×を見せたときには好ましくない行動をしているわけですから、そこから好ましい行動を誘導して○を出すということで子どもも喜びます。×で始めても○で終わるということが基本です。

ニコニコカード　　エンエンカード

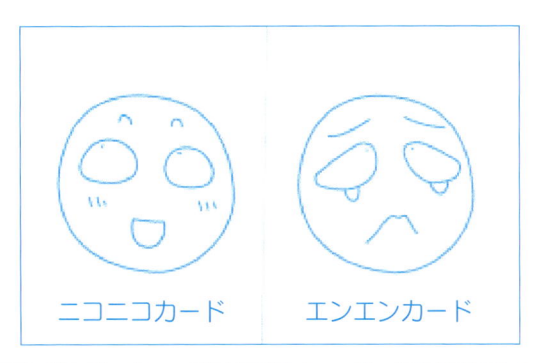

　ここに挙げたカードは表情カード（包括的スクールカウンセリング研究会監修、クリエーションアカデミー発行）の２枚です。表情カードは45枚から構成されており、高機能自閉症の子どもたちの社会生活訓練の方法として、幼稚園児から小学生まで大変役に立っています。上に示したカードは「うれしい」「かなしい」のカードです。こうしたカードで感情や行動の評価を伝えることも有効です。戸田市のおひさま保育園では子どもたちそれぞれのためのボードを見えるところにはっておき、望ましい行動に対してはそこに「ニコニコカード」を差し込むほか、保育士さんが「ニコニコカード」「エンエンカード」を持ち歩き使うことで効果を上げているそうです。２歳児では○×カードではふざけてしまってうまくいかないけれど、「ニコニコカード」は効果があるそうです。

小学校入学が人生のゴールではない

　保護者は、小学校入学を人生のゴールのように考えている場合があります。小学校入学までに何とかしたいということを強くおっしゃいます。普通に就学ができるかどうかというのはもちろん大きな問題になりますし、就学前健診だけではなくて、就学相談の問題や二次健診、いろいろな問題があるわけです。特に発達障害と診断されたお子さんを抱える保護者にとって、小学校入学が大きな問題であるということは事実ですが、今できないことにあせらないということが、実はもっと大切です。たとえば5歳の子が社会に出ていくまで、まだ約20年もあります。確かに25歳でできなければ困るかもしれないけれども、5歳のときにできないからといってあせる必要はありません。小学校入学を前にしてあせっている保護者に私がよくお話するのは「まだまだ人生は長い。決して小学校入学は、人生のゴールではありません。今できないことに対してあせらないで、いつかできるようになればいいわけです。いつかできるようになるためには、じゃあ今どうすればよいのかというふうに考えましょう。ゴールはまだ20年も先です」とお話をしています。

第8章

最終目標は何か

発達障害を抱える子どもたちにとっての最終目標です。発達障害では少し気をつけておく点がありますが、実は発達障害を抱える子どもたちだけではなく、すべての子どもたちの最終目標です。

第8章　最終目標は何か

最終目標

　発達障害を抱える子どもたちにとっての最終目標は、20歳を過ぎて社会へと巣立つときに自分に自信の持てる子、自分はよい存在だと思えるSelf-esteemが高い子どもに育てることだと私は考えています。もちろん、社会で生きていけるように育てるという意味では、社会生活習慣をつける、自分で稼げるようにすることがありますけれども、これは幼稚園・保育園の時代よりもっと先、大人まですべての時期を含んでいます。

　子どもから大人までを通じて、発達障害に対して治療をするのは何のためかと言われれば、私はこの2つのためだと考えています。もちろんSelf-esteemが高く、社会で生きていけるように育てるというのは、発達障害を抱えた子どもたちだけではなく、すべての子どもたちに言えることです。

Self-esteemを育てることとは
　→自信を失わないように育てる
　　→「今できないこと」に怒らない、きっといつかできるようになる
　　　→ほめる技術と実績が子どもを育てる
　　　　→周囲が子どもを嫌いにならない

が基本です。

特に幼稚園や保育園の時期には、子どもたちを自信を失わないように育てることはあまり意識されていませんが大切なことです。子どもは叱られたり、けなされたりしていれば自信を失い、行動に一貫性がなくなるだけではなく、自分で動き始めることが少なくなります。それが小学校、中学校へと続いていけば・・・決して豊かな未来ではないように思います。

　今できないことに怒らないで、きっといつかできるようになるということを、子どもたち自身が信じていけるように、周りの人もそう信じることが大切です。子どもたちは明日、社会に巣立つわけではありません。まだまだ十分な時間があります。あせらないで一つ一つ達成していくことが未来につながります。

　そのためにはほめる技術とほめた事実の蓄積が重要ですし、ほめてこそ子どもの自信にも自発的な行動にもつながります。ほめることの上手な大人は子どもにも好かれますし、指示が通りやすくなります。単に甘やかすこととは違います。望ましい行動がなくても、それを甘やかして認めていれば進歩は少なくなります。望ましい行動をしたら忘れずにほめる、これがポイントです。

もちろん周囲が子どもを嫌いにならないということも大切ですし、基本です。嫌いだと感じ、回避感情が強くなってしまっては子どもに指示することさえ難しくなります。

　苦労している今だからこそ、将来のことも考えようとお話しています。繰り返し申し上げますが、子どもが今、社会に出るわけではないので、今できないことにはあせらない、どうすればいつかできるようになるかを考える、どうすればできないことを責めないで済むかということも重要です。そのためには日々、小さな積み重ねを続けることが大切です。一度に何とかしてしまう手品はありません。

> ●自分に自信の持てる
> 　子どもに育てる
>
> ●社会で生きていける
> 　子どもに育てる

第9章

就学前健診

小学校入学は幼稚園・保育園にいる子どもたちにとって一つのゴールです。その前に就学前健診があり、発達障害を抱えている場合には気になることがたくさんありますし、対応についても知っておく必要があります。

就学前健診について

　小学校に入学する前年から、いろいろな流れが始まります。7月ころから各市町村は、就学相談を始め、10月になれば就学前健診があります。就学相談は、就学前健診に先立って「心身に障害のある児童生徒の保護者の方へ」という形で市町村の広報などに載せられます。あらかじめ相談をすることによってスムーズな入学につなげようということですが、場合によっては先入観を持たれてしまったり、決め付けられてしまったりすることもあります。これらの場でいろいろ問題があると思われる場合には、二次健診を受けることになります。その結果を就学指導委員会で通常学級、特別支援学級、特別支援学校などを判定し、就学指導をすることになります。

　就学前健診は昭和33年ころから全国的に行われています。10月1日現在、その地域に住む、翌年4月1日までに満6歳になる子どもたちが対象です。なぜ必要かというと、教育委員会にとっては通常学級、特別支援学級、特別支援学校などに適正就学という名のもと、振り分けしなければいけないからなのですが、家庭にとっては必要とは限りません。学校保健法第4条では就学前健

診をしなければいけないことが決められています。市町村の教育委員会が就学前健診を行う義務はありますけれども、受ける義務も罰則も実はありません。

　そのように考えると、「うちの子が、もしかしたら引っかかるかもしれない、でも特別支援学級などには行かせたくない」というふうに考えた保護者が「じゃあ受けさせなければ、そのまま、通常学級に行けるのか」と考えたりします。実際のところ、これは可能です。よほどの状況でない限り、強制的に検査をするということはできませんので、親がまったく協力をしなければ、発達障害の子どもたちが何のチェックもなく通常学級に入るということができます。

　ただ、これが得か損かということは、また別の問題です。行動やコミュニケーションの問題を抱えた子を何の前触れも無く入学させてしまうと、その子の状況も理解されないままに、学校が混乱していくということが起

き得ます。発達障害を抱えた子どもの保護者の方にお話をしているのは、まず就学前健診を受けてくださいということです。二次健診を受けることになったら、その場合には通常学級に行きたいということを、はっきり言ってくださいとお話をしています。二次健診に回るか回らないかは過去の経験からは半々です。私も学校に入ってからのことが心配だという方には、1月ころになってから、私も学校に一緒に行って説明を手伝うなどして、こういう特徴があるということを理解していただくようにしています。すべてのお子さんにできるわけではありませんが、子どもたちが少しでも楽に、実りのある学校生活を送ることができるようにするためには、このような方法もあると考えています。

　一般的に就学前健診は多くの市町村では平日の午後に行なわれています。そこでの問題点は、半日で発達障害を含めてきちんと分かるのかということです。結論からいえば分からないことが多いようです。言語能力のチェックは多くの市町村で行なわれていますが、行動やコミュニケーション能力は十分にチェックされてはいませんし、軽度から中等度の精神発達遅滞は見逃されやすいということもあります。こういった点が就学前健診の課題です。

就学先をどう決めるかも発達障害を抱えている、あるいは疑われている子どもたちにとっては重要なことです。特別支援学級を勧められたけれどもどうしようか、通常学級でうまくやっていけるだろうかといった相談が寄せられます。私の答えは20年後に普通の社会で暮らしていると信じられるならば通常学級を選んでください、普通の社会では困難なのでグループホームで暮らしているだろうと考えるのならば特別支援学級も考える、わからなければとりあえずは通常学級で始めたらいかがでしょう、とお話しています。目先のことだけではなく、この子の将来を考えよう、確かに通常学級では困難が待ち受けているかもしれません。でもその困難に対してできることがあれば、それをしてみましょう。医療や保健や福祉やいろいろな社会資源の手を借りることも必要かもしれません。でも20年

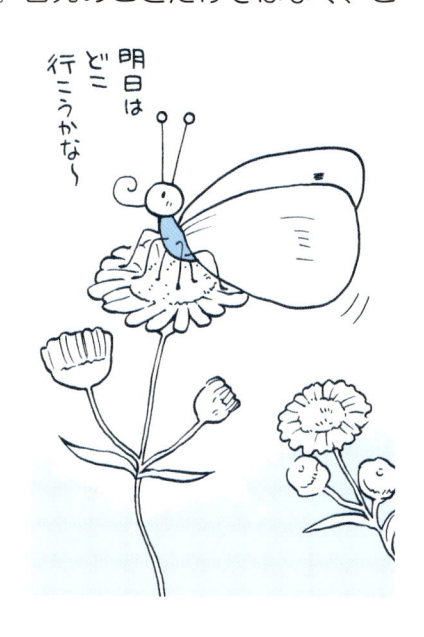

後が信じられるのであれば、努力する価値はあると思います。もしどうしてもうまくいかなければ、それから考えることも可能です。

終章

おわりに〜Take Home Message

おわりに〜Take Home Message

　ここまでで本書のお話の主なところは、だいたい終わりました。まとめとして伝えたいことは、みんながより充実した毎日を送ることができることが治療の原則であり、方向性でもあるということです。最初のポイントは、ADHDや高機能自閉症などの発達障害を、障害の問題として何が問題であり、何が今後問題になるか、きちんと理解をするということです。もちろん才能になる能力を探していくことも大切です。

　さらに、子どもたちの行動やコミュニケーションが問題なのであって、人格や存在そのものが問題なのではありません。扱いにくさや、回避感情などの問題はありますが、やはり基本的には行動・コミュニケーション・社会適応の問題なのです。知的な発達の問題でも、人格の問題でも、子どもたちがそこに存在すること自体が問題なのでも、決してないということです。子どもたちは、存在すべきところに存在しているだけです。

　そして、何より大切なのはとにかく子どもを好きでいるということです。嫌いな子どもの発達は、遅く見えます。好きな子どもの発達は、早く見えます。これは、幼稚園・

第10章　おわりに〜Take Home Message

　保育園の先生方は、皆さん経験のあることだと思います。ですから、子どもが好きでなければ、何もできません。

　幼稚園・保育園でも、もちろん家庭でも、かわいいと思われている子ども、好かれている子どもたちは笑顔を見せますが、そうではない場合には、子どもたちの様子もどこか変になります。行動やコミュニケーションに問題があっても、それは子どもの一部です。

　私自身も、これまでいろいろなお子さんたちを見ています。問題を抱えた子どもたちの中には、診察室で大暴れする子もいますし、外に飛び出したまま帰ってこない子どもたちもいます。そういう子どもたちが、すぐに好きになれるか・・・必ずしも、そううまくはいきません。しかし回数を重ねる中で、その子のよいところを見つけて、そしてその子と少しでも仲良くなって、何とか一緒に汗をかきながら、この子が集団の生活、あるいは家庭の生活を含めてうまくやっていけるように、何とかお手伝いができないかと考えています。

　最後はTake Home Messageです。これは講演などでよく使われますが「この言葉は家まで覚えていて持って帰ってください」という思いを込めたメッセージです。

Take Home Message ①

> **Take Home Message①**
> 診断は受容のためには重要なことです。
> でも、子どもたちへの基本的対応は診断が
> あってもなくても変わりはないのです。

　診断をして、その結果を理解していただき、将来のことやさまざまな分野の連携につなげていくために、発達障害を受容してもらうことはとても大切なことです。しかし幼稚園・保育園に限らず、社会資源の少なさから適切な診断や対応の指示ができるとは限りません。幼稚園・保育園の先生方にお願いしたいことは、発達障害では行動やコミュニケーションの面での問題が多いわけですが、基本的対応は「診断があってもなくても変わらない」ということです。将来診断がついたときに、少しでもその子が日常生活を快適に過ごすことができるようにSelf-esteemを高め、自信をもてるようにしておくことが大切です。Self-esteemが高いままで小学校入学を迎えさせてあげましょう。これは発達障害に限らず、すべての子どもたちに言えることです。

> **Take　Home　Message②**
>
> 発達障害を抱える子どもたちは普通にできるはずのことがしばしばできないことがあります。でも、普通にはできないはずのことができたりするのです。

　発達障害を抱える子どもたちは、確かにそのほかの子どもたちが「普通に」できることに困難を感じることが少なくありません。しかしそのほかの子どもたちにはできないけれども、彼ら、彼女たちには「できる」ことがあります。幼稚園・保育園の間にそれを見つけることは難しいかもしれません。しかしそれが見つかれば「障害」よりも「才能」に目を向けることが出来ます。

　多くの幼稚園・保育園では適切な支援があるとは限らない状況のなかで、日々、困難を抱える子どもたちに対応していらっしゃいます。私も微力ながらお手伝いをしていきたいと考えていますし、それが少しでも役に立てばと思っています。

> 　本書の作成に当たっては臨床心理士の公平絵里さん、つみきの会代表の藤坂龍司さん、財団法人鉄道弘済会戸田駅前保育所おひさま保育園の三浦啓園長、ハイリスク児担当グループの保育士さんたちにもご協力いただきました。また少年写真新聞社編集部の小池梨枝さん、イラストレーターの井元ひろいさんにも大変お世話になりました。本書を出版するに当たり、皆様方に厚く御礼申し上げます。

付録 1

幼稚園教諭、保育士さんたちとのQ&A

> ここでは、私の講演に参加してくださった先生方から寄せられた質問と、それに対する回答を紹介します。

Q 人や物事に対しての興味や執着がとてもうすい子についての対応を教えてください（家庭では親とのかかわりがうすく、ビデオ・音楽・テレビなどですごしています。また一緒に遊んでいる友だちがいなくなっても気になりません。がん具も同じです）。

Q 会話が成り立ちません（問いかけに対しオウム返しだったり説明を理解できない）。

A 精神発達の遅れを疑う必要があります。言語理解や自発言語に問題がなければビデオ・テレビなどをなるべく少なくして会話など対人コミュニケーションの時間を多くとるように勧めます。

Q 3歳10か月の男児。まだ単語と身振り手振りでのやりとりで会話ができません。話すことは好きで一生懸命に伝えようとしているので言葉を引き出せるような指導があれば教えてください。

Q 現在、3歳児クラスを担当しているが個人差がある年齢で、発達にも差があると思うが、会話や友だちとのやりとりがうまく伝わらず、伝言などもまだ難しい面がみられます。どのような働きかけが必要ですか。

A 言葉によるコミュニケーションだけではなく、この時期では非言語的な部分を引き出すことが大切です。言葉の理解ができていればあせることなく、手を握ったり目を

あわせたりして（非言語的な部分を増強して）ゆっくりと言葉につながるようにしむけることになります。

Q 発達障害は保護者に認めてもらうのが難しいのでどのように伝えれば（認識してもらえれば）よいのか教えてください。またほかの保護者の方は送迎時にしか接することがないので、子ども同士でトラブルが起こったとき（障害を持った子がほかの子に危害を与えたときなど）、それが何度も重なったとき、どのように理解していただけばよいのでしょうか。

A 保護者には園での日常生活で困っていることを素直に伝えます。留意すべきは「園の責任であるという態度をとる」、「家では困っていないと主張する」親です。しかし実際にほかの子どもに危害を加えたり、被害が生じたりするときには一時的にお休みしてもらうしかない場合もあります。この年齢では症状の多くは年齢とともに増強しますので、以前には見られなかった症状が出てくることもまれではありません。周囲の子どもたちにも「危害を加えられる可能性があることを」認識するように伝えることになります。その状態でクラスを維持するにはマンパワーの増強以外の方法はありません。

Q 2年保育、5歳児。1学期はクラスの子や先生の援助などで皆と同じことができたのですが、2学期からは保育の内容も難しくなり考えて動いたりすることが多くなります。その中でどこまで援助してよいのか、無理をさせるのではなくできるところまで、などの指導の面でとまどってしまいます。

A 本書の中でも説明してきましたように、今できなくてもいつかできるようになればよいというのが基本姿勢です。今完成させることだけに視点が行くと周りに

もあせりがでてきますが、そこであせっても子どもとの関係はよくなりません。できたことをほめて明日につなげることです。

Q 5歳男児（ADHD）。自分の意思に反するという意識から人をたたいたり物を投げたりという危険な行動に出ます。また、集団の中で自分が中心にいたいので、たとえば歌の歌詞を変えてしまったり紙芝居は話の内容に興味を示さず、数字が気になってしまい、他児が落ち着いて見られないときなどどのように対応したらよいのでしょうか。保護者については、集団の中にいる子どもの姿を理解してもらえないのを知ってもらうにはどのようにしたらよいのでしょうか。

A これが5歳くらいのADHDの特徴です。本書でもお話したようにCCQが基本ですが、それには時間と根気が必要です。また保護者の理解も欠かせません。保護者に状況を理解してもらい、一緒に考えることになります。園での行動が問題で家では問題を感じていない場合には、何日か続けて園での様子を見に来てもらうことが必要かもしれません。

Q 4歳男児（ダウン症）。集団の中で障害児を取り巻く環境をどのように整えていったらよいのでしょうか。場面ごとには子どもたちに話をしていっているので、助けてあげる姿も見られるのですが、ばかにする態度も見られるので、どう理解させ説明していったらよいのでしょうか。

A ばかにする子どもに対して「助けてあげたら○○ちゃんも喜ぶのに」「みんなで仲良くできれば先生もうれしいな」というふうに、加害者を「望ましい」行動へと誘導することがポイントです。

Q 5歳男児（自閉症）。集団への積極的な参加をさせているがときどき思うようにならないと自傷行為があり、頭をたたいたり顔をぶったりしています。このような子どもにとって集団での活動はどの程度必要でしょうか。現在のところ食事、遊び、午睡はみんなと一緒にできています。これから運動会やお楽しみ会などへの参加があり、みんなとなかなか一緒が難しく悩んでいます。

A 自閉症は個人によって病像がかなり異なります。診断だけではなく、その子に合わせた現実的な対応法（理想論ではなく）を医療機関や教育機関、心理職と協議し、協力体制を作りましょう。

Q 落ち着きのない子への、環境の配慮点を教えてください。

A 先生に近い一番前の席にし、なるべく静かな環境にするよう、窓や廊下からは離します。まとわりついても、行動を無視するときは本書で述べたように行動を変えさせることをあわせて考えましょう。

Q 健常児（こう書くことに抵抗があります）たちの中の1、2名の問題を抱えた子どもへの対応になりますが、無理なく集団に慣らしていく手立てがあれば教えてください。

A 結論から言えば決定的な方法はありません。まずその子を嫌いにならないこと、そしてリーダー的な子どもを作ってその子についていかせる、うまくいったときには大げさにほめる、対象となる子どもの園での様子を保護者に毎日知らせておくことなどで、共通認識を持っておくことも大切です。もちろんあせってはいけません。

付録1

Q 幼稚園教諭、保育士として「言ってはいけない言葉」があれば教えてください（気をつけた方がいい「言葉かけ」）。

A 何よりも大切なことは幼稚園教諭、保育士が冷静でいること、カッとなって我を忘れないことです。多くのトラブルは同情の余地があるにせよ「我を忘れて吐いたことば」から出てきます。また対象となる子どもへの言葉かけは「命令系」「禁止系」ではなく「希望系」であることが望まれます。

Q 障害児への対応の仕方、クラスの他児への伝え方、接し方などを教えてください（その子に幼稚園教諭、保育士が1人つきっきりになり、それを見た他児が自分もやってほしくて急になにもやらなくなったり、またその子を赤ちゃん扱いしたりする）。

A 補助員がついた場合には必ずといってよいほど集団の維持の面での問題が起きます。補助員には「最低限」の補助しかしないこと、集団の中で行動が手に余れば集団の中で対応せず、集団の外に出て（タイムアウトなど）個別に対応することも考えたほうがよいと思われます。

Q 発達に遅れがあると思われる3歳未満児の場合、3歳児健診まで様子をみたほうがよいのか、あるいは早めに何らかの対応をした方がよいのでしょうか。

A 運動発達、精神発達においての大きな遅れがない場合には3歳時健診まで様子をみてもかまいませんが、社会性の問題については保健所でも市町村の保健センターでも十分に対応はできません。そもそも3歳の時点で発達障害を正確に診断することが可能とは限りません。ですから「社会性」の問題と考えられ

る場合には健診まで待つことはなく、教育相談や児童相談所の相談、相談に乗ってくれる医療機関などを探しましょう。

Q ハイリスク児（発育・発達過程において何らかの問題が生じる可能性がある子）にとって、母親が仕事をしている場合、特に配慮すべきことは何でしょうか。

A 母親が仕事をしている場合には、ハイリスク児に限らず仕事や自分の生活時間のゆとりのなさから、いらだってしまうことが少なくありません。その状況のときに子どもの問題を取り上げても落ち着いて聞いてもらえないかもしれません。子どもだけではなく、母親にも普段から目を向けておく必要があります。1分でもよいから母親の話を聞く習慣を持っておくことが大切ですし、母親が話しやすい状況を作ることが大切だと思います。これはハイリスク児だけではなく、すべての子にとって同じことです。

Q ハイリスク児の場合、障害が個人差かどうかは5歳ごろには判明するといわれていますが、早めにチェックを受けたほうがよいのでしょうか。それとも5歳まで待ったほうがよいのでしょうか。

A 適切に診断できる医療機関や、対応の相談できる機関があるかどうかの問題です。問題があると感じたら5歳まで待つ必要はありません。ただし、ただ医療機関を受診すればよいというものではなく、発達の問題だけではなく子どもを取り巻く環境にまで目を向けてもらうことが大切です。

付録1

Q 保護者に専門医の受診を勧めるときには、どのように手続きを取ったらよいのでしょうか。

A 専門医の受診は必ずしも容易ではありません。診察には時間がかかること、ほとんどの場合には予約が必要なことをまず保護者に伝えて、予約の手続きを保護者にとってもらいます。問題点の保護者への伝え方は第6章を参照してください。

Q 受診時に医師に伝えるべきことを列挙してみてください。あらかじめメモしてもらった方がよいのでしょうか。また保育園の情報を伝達するためにも保育士が同席することは積極的に考えるべきか、控えた方がよいか、どちらでしょうか。

A 保育園から医師に伝えるべきことは、保育園での何が問題になっているかを「具体的」に伝えることです。それがわからなければ対応の指示は出せません。問題点をメモして渡すことも有用です。保育士の同席については医療機関の考え方にもよりますが、私の場合、初回は保護者と子どもだけで受診してもらい、その後、保護者の希望があれば保育士の同席をお願いしています。

Q 医師の診断や意見に対して、保護者がセカンドオピニオンとして保育士に相談した場合、どのように対処したらよいのでしょうか。

A 保護者の相談に対しては慎重にならざるを得ません。医師が述べたこと、説明したことが必ずしも保護者に十分に理解されているとは限りません。相談を受けて答えたことが医療機関とのトラブルにつながる場合もあります。ですから詳細がわからない場合には、その子の問題としてではなく、一般論と断っての対応にな

ります。

Q 法人立の保育園では障害者手帳がないと障害児保育補助金が出ませんし、人の手当ができません。保護者の方に障害者手帳を取得してもらうためにはどうしたらよいでしょうか。

A 精神発達遅滞のない発達障害では障害者自立支援法の対象にはなりませんので、障害者手帳は取得できません。しかし幼児期に行動の問題やコミュニケーションの問題があるときには発達検査の点数が低く出ることがしばしばあり、検査の結果、知的障害での障害者手帳の取得が可能な場合もあります。しかしこの方法はお勧めできるものでもなく、また保護者に「知的障害」と診断されることに対しての説明と理解が必要です。

Q 5歳児クラスで小学校入学を控えています。どのように小学校と連携を図ればよいのでしょうか。

A 保育園の情報を保護者の了解なしに小学校に渡すことは、たとえ子どものためを思ったとしても個人情報保護法違反になります。保護者が了解していたり、希望されたりする場合には情報の伝達は円滑な学校生活のためにも重要だと思われます。ただし口頭での情報伝達は行き違いの原因になりやすく、必要なところに情報が伝わるとは限りませんので、保護者の了解を得た内容の文書で伝えることをお勧めしています。信頼できる医師など、第三者に協力してもらうことも役に立ちます。

付録2

診断基準

ADHDのDSMⅣ-TRによる診断基準

A．（1）か（2）のどちらか。
（1）以下の不注意の症状のうち6つ（またはそれ以上）が少なくとも6か月間持続したことがあり、その程度は不適応的で、発達の水準に相応しないもの。

不注意

(a) 学業、仕事またはその他の活動において、しばしば綿密に注意することができない、または不注意な間違いをする。
(b) 課題または遊びの活動で注意を集中し続けることがしばしば困難である。
(c) 直接話しかけられた時にしばしば聞いていないように見える。
(d) しばしば指示に従えず、学業、用事、または職場での義務をやり遂げることができない（反抗的な行動、または指示を理解できないためではなく）。
(e) 課題や活動を順序だてることがしばしば困難である。
(f) （学業や宿題のような）精神的努力の持続を要する課題に従事することをしばしば避ける、嫌う、またはいやいや行う。

（ｇ）課題や活動に必要なもの（例：おもちゃ、学校の宿題、鉛筆、本、または道具）をしばしばなくしてしまう。
（ｈ）しばしば外からの刺激によってすぐ気が散ってしまう。
（ｉ）しばしば日々の活動で忘れっぽい。
（２）以下の多動性－衝動性の症状のうち６つ（またはそれ以上）が少なくとも６か月間持続したことがあり、その程度は不適応的で発達水準に相応しない。

多動性

（ａ）しばしば手足をそわそわと動かし、またはいすの上でももじもじする。
（ｂ）しばしば教室や、その他、座っていることを要求される状況で席を離れる。
（ｃ）しばしば不適切な状況で、余計に走り回ったり高い所へ上ったりする（青年または成人では落ち着かない感じの自覚のみに限られるかもしれない）。
（ｄ）しばしば静かに遊んだり余暇活動につくことができない。
（ｅ）しばしば"じっとしていない"、またはまるで"エンジンで動かされるように"行動する。
（ｆ）しばしばしゃべりすぎる。

衝動性

（ｇ）しばしば質問が終わる前に出し抜けに答え始めてしまう。

(h) しばしば順番を待つことが困難である。
(i) しばしば他人を妨害し、邪魔する（例：会話やゲームに干渉する）。
B．多動性－衝動性または不注意の症状の幾つかが7歳未満に存在し、障害を引き起こしている。
C．これらの症状による障害が2つ以上の状況（例：学校（または職場）と家庭）において存在する。
D．社会的、学業的または職業的機能において、臨床的に著しい障害が存在するという明確な証拠が存在しなければならない。
E．その症状は広汎性発達障害、統合失調症、または他の精神病性障害の経過中にのみ起こるものではなく、他の精神疾患（例：気分障害、不安障害、解離性障害、またはパーソナリティー障害）ではうまく説明されない。

アスペルガー障害のDSMⅣ-TRによる診断基準

A．以下のうち少なくとも2つにより示される対人的相互作用の質的な障害。
(1) 目と目で見つめ合う、顔の表情、体の姿勢、身振りなど、対人的相互反応を調節する多彩な非言語的行動の使用の著明な障害。
(2) 発達の水準に相応した仲間関係をつくることの失敗。
(3) 楽しみ、興味、達成感を他人と分かち合うことを自発的に求めることの欠如（例：他の人達に興味のあるものを見せる、持ってくる、指差すなどをしない）。

(4)対人的または情緒的相互性の欠如。
B．行動、興味および活動の、限定的、反復的、常同的な様式で、以下の少なくとも1つによって明らかとなる。
(1)その強度または対象において異常なほど、常同的で限定された型の1つまたはそれ以上の興味だけに熱中すること。
(2)特定の、機能的でない習慣や儀式にかたくなにこだわるのが明らかである。
(3)常同的で反復的な衒奇（げんき）的運動（例：手や指をぱたぱたさせたり、ねじ曲げる、または複雑な全身の動き）。
(4)物体の一部に持続的に熱中する。
C．その障害は社会的、職業的、または他の重要な領域における機能の臨床的に著しい障害を引き起こしている。
D．臨床的に著しい言語の遅れがない（例：2歳までに単語を用い、3歳までにコミュニケーション的な句を用いる）。
E．認知の発達、年齢に相応した自己管理能力、（対人関係以外の）適応行動、および小児期における環境への好奇心などについて臨床的に明らかな遅れがない。
F．他の特定の広汎性発達障害または統合失調症の基準を満たさない。

アスペルガー症候群の基準がいくつかあるという状況を考え、著者が考えている高機能自閉症の診断基準

A．以下のうち少なくとも3つにより示される非言語的コミュニケーションを中心とした障害がある。

（1）表情、身振り手振り、視線を合わせるなど場面に応じた理解など非言語的行動の理解に障害がある。

（2）同じ年齢あるいは発達水準に応じた友だち関係をつくることが苦手である。

（3）感情を他人と共有することや他人の感情を類推することの障害がある。

（4）比喩や抽象的概念を理解することの障害がある。

B．明らかな言語の理解や使用の障害はないことが多い。

C．明らかな精神遅滞を伴わない。

D．その障害は社会的生活での障害を引き起こしている。

E．統合失調症などその他の精神疾患が除外される。

索引

【あ】
あいさつ　　　　　　　　116
アスペルガー症候群
　　　　　　　　　6、8、84
扱いにくさ
　　36、42、44、45、46、98
遺伝子　　　　　　　　60、61
ADHD　8、53、74、78、79
絵カード　　　　　　　　107
SSRI　　　　　　　　　76
落ち着きがない　　　　　30

【か】
介入　　　　　　　　　　94
回避感情　　　　38、39、106
カウンセリング　　　　　104
学習障害　51、54、58、86、92
学校健診　　　　　　　　68
かわいそう　　　　　　　48
希望系　　　　　　　　　114
共通認識　　　　　　　　97
禁止系　　　　　　　　　114
軽度発達障害　　　　53、54
高機能自閉症　7、9、50、51、54、
66、80、81、82、83、92
交通ルール　　　　　　　116
行動　　　　　　　　　　58
行動療法　　104、106、108
　　　　　110、112、114、118
広汎性発達障害　51、53、68、84
5歳児健診　64、65、66、67
個人差　　　　　　　　　12
コミュニケーション　27、28、51、60
混合型　　　　　　　　　74
コンサータ　　　　　　　76

【さ】
サインボード　　　107、108
CCQ　　　　　　　　　110
シェルター　　　　　24、25
社会資源　　　　　　69、134
社会適応　　　　　　　　56
就学指導　　　　　　　　126
就学指導委員会　　　　　126
就学相談　　　　　120、126
就学前健診　　　　100、126
受容　　　　　　　　　　102
巡回相談　　　　　　　　90

149

障害児保育	16
障害者自立支援法	69
障害者手帳	70
視覚情報	107
視覚入力	107、108
児童虐待	36、44
自閉症	53
小学校入学	120
砂時計	33
精神発達遅滞	16、22、26
接近感情	38、39、97、106
Self-esteem	56、57、77、122、134

【た】

体罰	109
タイムアウト	24、25、32
多動症	8
多動・衝動	31
多動・衝動型	74
注意欠陥・多動性障害	8
注意持続障害	8
聴覚過敏	30、31、107
通級指導教室	71
通常学級	127
低年齢	68
特別支援学級	126
特別支援学校	126
特別支援教育	70

【な】

二次障害	56、75
乳幼児健診	64、68
ノイズ	26、27

【は】

発育遅滞	52
発達支援	68
発達障害	7、16、46、50
発達障害者支援法	68
発達遅滞	50
パニック	22、23
パニック障害	92
非言語的なコミュニケーション	18、20、28、56
微細脳損傷	8
不注意型	74
保護者	96、100

【ま】

マスコミ	62
未熟児	42
無視	112
命令系	114
メチルフェニデート	76

【ら】

リスペリドン	76

参考図書
1. 『エブリペアレント：読んで使える「前向き子育て」ガイド』
   マッシュー・R・サンダース、柳川敏彦・加藤則子監訳、明石書店
   普通の子どもたちのための本ですが、発達障害に応用できる部分が多数あります。
2. 『みんなに知ってもらいたい発達障害』平岩幹男、診断と治療社
   発達障害を理解するために実例を含めて解説しています。
3. 『地域保健活動のための発達障害の知識と対応：ライフサイクルを通じた支援のために』平岩幹男、医学書院
   子どもから大人まで発達障害を抱える人のライフサイクルや、発達障害者支援法についてもまとめてあります。
4. 『乳幼児健診ハンドブック』
   平岩幹男、診断と治療社
   乳幼児健診の中での発達障害児の発見や対応についても触れています。
5. 『自閉症のすべてがわかる本』佐々木正美監修、講談社
   自閉症全般の特徴や対応についてわかりやすく書かれています。入門向き。
7. 『講座自閉症療育ハンドブック』佐々木正美、学研
   TEACCH プログラムの紹介も含めてわかりやすく書かれています。
8. 『TEACCH ビジュアル図鑑：自閉症児のための絵で見る構造化』
   佐々木正美監修、学研
   学校などでの対応方法などを図解で説明しています。
9. 『自閉症スペクトル』ローナ・ウィング、久保紘章・佐々木正美・清水康夫監訳、東京書籍
   ご自身の経験も含めた名著。全面改訂により内容も一新されています。
10. 『ガイドブック・アスペルガー症候群』
    トニー・アトウッド、冨田真紀・内山登紀夫・鈴木正子訳、東京書籍
    とてもわかりやすく書かれており、保護者・当事者の方にご一読をお勧め。
11. 『バークレー先生の ADHD のすべて』ラッセル・A・バークレー、VOICE
12. 『ADHD 児へのペアレントトレーニングガイドブック』
    岩坂英巳・中田洋二郎・井澗知美、じほう
    CCQ を初めとして、実例を交えて保護者の対応について解説。
13. 『LD・ADHD へのソーシャルスキルトレーニング』小貫悟・名越斉子・三和彩、日本文化科学社
    ソーシャルスキルトレーニングの実際や方法論について実例を交えて解説。
14. 『読んで学べる ADHD のペアレントトレーニング』
    シンシア・ウィッタム、上林靖子ほか訳、明石書店
    名著。子どもたちに対するやさしさがすみずみにまで満ちている。
15. 『アスペルガー症候群（高機能自閉症）のすべてがわかる本』
    佐々木正美監修、講談社
    アスペルガー症候群について診断から対応までわかりやすく述べられています。
16. 『自閉症への ABA 入門』シーラ・リッチマン、井上雅彦・奥田健次訳、東京書籍
    自閉症の訓練の方法としての ABA（応用行動分析）についてのガイドです。
17. 『DSM Ⅳ-TR 精神疾患の診断・統計マニュアル』
    米国精神医学会編、高橋三郎他訳、医学書院
    本書でも引用した診断基準やその説明が掲載されています。
18. 『発達障害のある子どものためのおうちでできる学校準備』
    道城裕貴・寺口雅美、Kid's Power
    入学前に覚えておきたいこと、できるようになっておきたいことなどをその対応策も入れてまとめられています。

著者プロフィール

平岩幹男（ひらいわみきお）

医学博士、小児科専門医、小児神経専門医、
日本小児保健協会理事、
東京大学大学院医学系研究科非常勤講師、
国立成育医療センタークリニカルアドバイザー

1976年　東京大学医学部卒業、同年　三井記念病院
1978年　帝京大学小児科　1989年　同・講師
1992年　戸田市立健康管理センター母子保健課長
2002年　戸田市立医療保健センター（改称）参事
2003年　母子保健奨励賞、毎日新聞社賞受賞　皇居参内
2004年　ふるさとづくり振興奨励賞受賞
2006年　『乳幼児健診ハンドブック』を上梓
2007年　相談や執筆のためRabbit Developmental Research
　　　　を開設
　　　　『みんなに知ってもらいたい発達障害』を上梓
2008年　国立成育医療センタークリニカルアドバイザー
　　　　『いまどきの思春期問題』『地域保健活動のための
　　　　発達障害の知識と対応』を上梓

連絡先：office21kitatoda@yahoo.co.jp
ホームページ：http://office21.life.coocan.jp/

表紙デザイン　小舘デザイン室

幼稚園・保育園での発達障害の考え方と対応

２００９年８月５日　第３刷発行
発　行　所　株式会社　少年写真新聞社　〒102-8232東京都千代田区九段北1-9-12
　　　　　　TEL 03-3264-2624　FAX 03-5276-7785
　　　　　　URL http://www.schoolpress.co.jp/
著　　　者　平岩　幹男
発　行　人　松本　恒
印　　　刷　図書印刷株式会社
©Mikio Hiraiwa 2008　Printed in Japan
ISBN978-4-87981-252-0 C0337

無断複写・転載を禁じます。落丁・乱丁はおとりかえいたします。定価はカバーに表示してあります。